Tipps für
Fit ein Leben lang

Im Folgenden wird der Einfachheit halber einheitlich die männliche Anrede gewählt. Natürlich werden beide Geschlechter damit angesprochen.

Ulli Heldt

TIPPS FÜR FIT EIN LEBEN LANG

Meyer & Meyer Verlag

Die Deutsche Bibliothek – CIP Einheitsaufnahme

Heldt, Ulli:
Fit ein Leben lang / Ulli Heldt.
– Aachen : Meyer und Meyer, 2002
(Reihe Tipps für ...)
ISBN 3-89124-843-1

Adelaide, Auckland, Budapest, Graz, Johannesburg, Miami, Olten (CH), Oxford, Singapore, Toronto
Member of the World
Sport Publishers' Association (WSPA)
Druck: Burg Verlag Gastinger GmbH, Stolberg
Printed in Germany
ISBN 3-89124-843-1
E-Mail: verlag@meyer-meyer-sports.com

Inhaltsverzeichnis

1 Vielen Dank

Als im Fitnessstudio, in dem ich arbeitete, beschlossen wurde, dass eine neue Zielgruppe erreicht werden und eine Fit-ab-50-Gruppe gegründet werden sollte, war ich eher skeptisch. Hatte ich doch bis dahin immer geglaubt, dass ich nicht weiß, wie ich im Sport mit Älteren umgehen soll, wie hoch ich sie belasten kann und welche Musik ich spielen darf. Als ich aber einige Ausbildungen hinter mir hatte und mit einer kleinen Gruppe anfing, war mein Zweifel verflogen. Die Stunden verliefen gleich zu Beginn mit viel Spaß, Motivation und vor allen Dingen mit viel Herz. Und genau das ist der Grund, warum alle immer noch seit acht Jahren zusammen trainieren und lachen.

Vielen Dank an meine tolle Fit-ab-50-Gruppe des Venice Sport & Freizeitcenters, die geduldig und mit sehr viel Spaß alles mitgemacht hat, was ich gern ausprobieren wollte. Durch ihren Schwung habe ich immer wieder neue Energie und Ideen gefunden.

Dank auch an Jürgen, den Studioinhaber, der mich quasi gezwungen hat, mich mit dem Fit-ab-50-Thema auseinander zu setzen und der später viel Geduld und Nachsicht bei unseren zahlreichen Treffen zum Kaffeeklatsch hatte.

2 Fit ein Leben lang = fit und fröhlich

„Das beste Mittel gegen das Altern ist: einmal am Tag ins Schwitzen zu kommen und einmal herzlich zu lachen!" Dieser von Prof. ISRAEL[1] geprägte Ausspruch trifft den Nagel auf den Kopf. Und genau diese Einstellung zieht sich wie ein roter Faden durch dieses Buch. Sport soll nicht nur Training sein, er soll auch Spaß machen. Denn nur, was uns Spaß macht, machen wir auch gern. Deshalb sind viele der Übungsvorschläge und Choreografien mit Humor gespickt. Wer nun glaubt, das wirksame Training bliebe dabei auf der Strecke, der irrt. Wenn ein Training Spaß macht, ist es doppelt effektiv. Lachen setzt gesund machende Hormone frei, lässt Menschen positiv denken und wirkt anregend auf das Herz-Kreislauf-System. Eine freundliche und lockere Stimmung ist der Grund, warum die Teilnehmer wieder kommen – nicht nur wegen des Trainings. Letzteres gilt für alle Sportgruppen, aber insbesondere für Fit-ab-50-Stunden. Gerade bei der so genannten *älteren Generation* steht Fitnesstraining, kombiniert mit Spaß und sozialen Kontakten, an oberster Stelle.

Apropos die ältere Generation – was heißt das eigentlich? Was heißt alt? Die meisten Teilnehmer meiner Kurse leben seit etwa 50-75 Jahren. Aber sind sie auch deshalb schon genauso alt? Nein. „Man ist nur so alt, wie man sich fühlt." An diesem Spruch ist wirklich eine Menge dran. Mit einem an den Trainingszustand angepassten Fitnesstraining und einer entsprechenden Einstellung kann man die Leistungsfähigkeit und die Lebensqualität enorm steigern und erhalten. Oder gehören Thomas Gottschalk, Mick Jagger, Tina Turner, Peter Maffay oder Iris Berben, obwohl sie über 50 sind, zur älteren Generation? Das wird wohl noch eine ganze Weile dauern.

Prof. HOLLMANN[2] sagt dazu: „Man kann 20 Jahre lang 40 sein." – Aber kann man nicht auch 30 Jahre lang 40 sein!?

---

[1] *Prof. ISRAEL hat im Bereich Kraftsport mit älteren und alten Menschen geforscht.*

[2] *Prof. HOLLMANN hat umfangreiche wissenschaftliche Untersuchungen zum Thema Altern und Training betrieben.*

Eine wahre Geschichte von Marianne (63)

Nachdem Marianne schon etwa ein halbes Jahr bei mir trainierte, schilderte sie mir folgendes Erlebnis:

Sie hatte ihr Enkelkind Johanna (3), ein kleines, aber neugieriges Mädchen, zu Besuch. Nun kam es so, dass sich Johanna die Finger im Türscharnier einklemmte, weder vor noch zurück kam und aus vollem Hals schrie.

Marianne sagte, sie wusste zunächst nicht, was sie vor lauter Schreck machen sollte. Sollte sie das Kind allein lassen und den Nachbarn um Hilfe bitten oder die Feuerwehr rufen? Kurzerhand entschloss sie sich zu folgender Tat: Sie hob die Tür aus den Angeln und das Kind war frei und unverletzt!

Marianne sagte mir später, dass sie es ohne das Fit-ab-50-Training nie geschafft hätte, die Tür anzuheben. Ehrlich gesagt, bin ich sicher, dass sie es in dieser Situation auch ohne Training geschafft hätte. Sie hätte es sich aber vielleicht nicht zugetraut.

Ich bekomme bei dieser Geschichte immer noch eine Gänsehaut und freue mich, dass ich meinen Teilnehmern so viel Selbstbewusstsein, Lebensqualität, Fitness und Fröhlichkeit vermitteln kann.

Mit diesem Buch möchte ich Trainern und Übungsleitern (und solchen, die es werden wollen) nicht nur vielfältige Übungen und Methoden an die Hand geben, sondern auch vermitteln, wie viel Herz und Freude eine Fit-ab-50-Gruppe begleitet.

3 Unterrichtstipps

Die wichtigste Fähigkeit, die ein Trainer mitbringen muss, ist die Fähigkeit zur *Motivation*.

Ist eine Stunde noch so gut vorbereitet, der Trainer optimal ausgebildet, die Kursinhalte noch so sorgfältig ausgewählt, fehlt die Motivation, ist alles für die Katz'.

Motivation ist die Kunst, mit Menschen umzugehen.

Es bedeutet, sich auf andere einstellen zu können, sich einzufühlen, aber auch zu animieren und zu unterhalten. Und das geht nur, wenn man voll hinter seiner Sache steht und selbst Spaß daran hat. Einige Trainer sagen, dass sie es schwierig finden, die Teilnehmer zu motivieren und zu animieren. Den wichtigsten Tipp, den ich dazu geben kann, ist folgender: Seien Sie so, wie Sie sind und lernen Sie, humorvoll zu sein.

Zeigen Sie Freundlichkeit und Natürlichkeit – und unterrichten Sie mit Herz.

Seien Sie schon mindestens eine Viertelstunde vor Beginn der Stunde da und empfangen Sie Ihre Teilnehmer. Unterhalten Sie sich mit ihnen und geben Sie Informationen, beispielsweise über gesundes Fitnesstraining oder den Ablauf der Kurse. Lernen Sie die Namen der Teilnehmer (und behalten Sie sie auch!). Wenn die Atmosphäre trotz aller Bemühungen immer noch etwas gedämpft ist, gibt es nur noch ein Mittel: den Kaffeeklatsch! Treffen Sie sich nach der Stunde mit den Teilnehmern zu einem gemütlichen Beisammensitzen. Sie werden sehen, das Eis bricht und in den nachfolgenden Stunden verläuft die Motivation optimal.

Was ein guter Trainer sonst noch braucht

Grundkenntnisse im Bereich Anatomie, Bewegungslehre und Trainingslehre, Kenntnisse über die Auswirkungen der wichtigsten Medikamente bilden die theoretische Basis. Didaktik, Methodik, Stundenaufbau und Umgang mit Musik sowie Motivation stellen wichtige sportpraktische Bereiche dar. Man erlangt dieses Basiswissen in einer guten Aerobic-Ausbildung oder mittels einer Übungsleiterlizenz der Sportverbände. Darüber hinaus sind Fortbildungen im Bereich Seniorensport unerlässlich.

Mit einer fundierten Basis, mit Enthusiasmus und Energie wird dann jede Fit-ab-50-Stunde zu einem unvergesslichen Ereignis. Begleiten Sie Ihre Teilnehmer mit einer lockeren Atmosphäre, mit Humor und Spaß, mit Bewegung und Entspannung durch eine positive Trainingseinheit für Körper und Geist.

Hanne und Bubu – topfit seit 75 Jahren!

3.1 Worauf muss man achten?

Wenn man Teilnehmer in Fitnessstudios und Vereinen befragt, warum sie in einer Fit-ab-50-Gruppe trainieren, so geben alle an, dass soziale Kontakte und Spaß an Bewegung sehr wichtige Faktoren sind. Der weitere Grund liegt in der Erhaltung oder Steigerung der körperlichen Fitness. Altern, ohne langsamer zu werden und die Beibehaltung der Alltagsaktivitäten gehören zu den wichtigsten Trainingszielen.

Was bedeutet das für unseren Unterricht?

Wir sollten die Teilnehmer so trainieren, dass sie das, was sie können wollen, auch wirklich beherrschen. Wie würde man einen Basketballspieler trainieren? So, dass er gut Basketball spielen kann.

Wie trainieren wir unsere Fit-ab-50-Teilnehmer? So, dass sie das gut können, was sie gern machen möchten: fit sein für die Enkelkinder, reisen, Feste feiern, Tanzen gehen, den Garten umgraben. All das trägt entscheidend zur Verbesserung der Lebensqualität bei.

Wir müssen unseren Teilnehmern also ein Training anbieten, das diese Faktoren anspricht. Dazu gehört ein sehr variables Training, so variabel wie das Leben selbst. Wir sollten also in unseren Kursen verschiedenste Beanspruchungen wie Beweglichkeit, Ausdauer, Kraft, Koordination und auch Schnelligkeit ansprechen. Wie will man denn sonst hinter den Enkelkindern hinterherlaufen können?

Das biologische Alter

Erfahrungen haben gezeigt, dass gerade in Fit-ab-50-Gruppen eine große Inhomogenität bezüglich der Altersspanne vorliegt und auch das Trainingsniveau seht unterschiedlich ausgeprägt ist. Schauen Sie deshalb lieber nicht auf das Alter, das im Personalausweis steht, sondern schauen Sie sich die Teilnehmer an.

Das biologische Alter kann gegenüber dem chronologischen stark differieren. Einige 75-jährige Teilnehmer zeigen manchmal viel mehr Fitness und jugendliche Frische als einige 50-Jährige. Die Übungsleiter sollten in ihrer Unterrichtsgestaltung darauf achten, wie gut der Fitnesszustand der Gruppe ist bzw. welche Ziele die Teilnehmer verfolgen.

Beobachten Sie doch beispielsweise folgende Fähigkeiten und planen Sie Ihren Unterricht entsprechend:

- Wie groß ist die spontane Gehgeschwindigkeit?
- Wie groß ist die Schnelligkeit beim Aufheben von Gegenständen?
- Wie stark ist die Handkraft?
- Wie groß ist die Schnelligkeit und die Geschicklichkeit des Aufstehens und Hinsetzens?
- Wie gut können die Teilnehmer auf einem Bein stehen?

Sicherlich sind einige der hier genannten Fähigkeiten auch abhängig vom Temperament und vom Körpergewicht, sie geben jedoch wichtige Hinweise zum biologischen Alter und damit zur Gestaltung des Unterrichts.

Die Belastbarkeit der Teilnehmer

Es sollte in jeder Stunde ein wichtiger Grundsatz gelten: Jeder belastet sich nur so weit, wie es ihm gut tut! Die meisten Teilnehmer wissen genau, wo ihre Grenzen sind oder schalten eine Stufe herunter, wenn die Beanspruchung zu hoch steigt. Der Trainer sollte daher immer wieder darauf hinweisen, dass mittlere Belastungsintensitäten das effektivste und gesündeste Training bieten. Daraus resultiert, dass er in der Lage sein muss, für jede Übung Alternativen vorschlagen zu können und die Teilnehmer entsprechend zu betreuen. Dazu gehört auch, abzuschätzen, wann man eher bremsen, wann man eher anfeuern sollte. Aber schließlich und letztendlich liegt die Entscheidung beim Teilnehmer selbst, vorausgesetzt, er hat alle nötigen Hintergrundinformationen und erfährt einen kompetenten Unterricht. Je erfahrener die Teilnehmer sind, desto besser können sie sich hinsichtlich ihrer Leistungsfähigkeit einschätzen.

Der ärztliche Check

Jeder Teilnehmer sollte des Öfteren zu einer sportärztlichen Untersuchung gehen. Das gibt Sicherheit für den Trainer wie auch für den Teilnehmer selbst. Ein Belastungs-EKG beispielsweise zeigt Richtwerte auf, wie weit das Herz-Kreislauf-System beanspruchbar ist. Eine orthopädische Untersuchung weist auf Übungen hin, die vermieden bzw. verstärkt betrieben werden sollten. Ist der Trainer über den Gesundheitszustand informiert, so kann er seinen Unterricht individueller gestalten.

Trinkpausen

Es hat sich ja nun langsam herumgesprochen, dass es zur Gesunderhaltung des Körpers von äußerster Wichtigkeit ist, viel zu trinken. Deshalb sollten alle Teilnehmer in den Unterrichtsraum Getränke mitnehmen dürfen. Kritiker behaupten immer wieder, dass man ja wohl auch eine Stunde überstehen kann, ohne zu trinken. Das ist richtig. Da jedoch die meisten während des Tages zu wenig Flüssigkeit zu sich nehmen, sollte man feste Trinkpausen in den Unterricht einplanen. Sie geben den Teilnehmern wie auch dem Trainer neue Energie und Zeit zum Aufatmen.

Lautstärke der Musik

Die Musik sollte so laut gestellt werden, dass die Teilnehmer den Trainer gut verstehen können. Obwohl der Trainer nicht schreien sollte, darf die Lautstärke der Stimme die der Musik überschreiten. Gerade Teilnehmer mittleren und älteren Jahrgangs berichten mir oft, dass sie zwar noch gut hören können, aber sobald mehrere Geräusche auf einmal auftreten, sie diese nicht mehr so gut filtern können. Das Resultat ist, dass sie die Musik eher als störend anstatt als motivierend empfinden.

Beleuchtung

Sorgen Sie für gute Kontraste und achten Sie darauf, dass es hell genug ist. Bei Bewegungen im Raum, bei Balanceübungen wie auch beim Werfen und Fangen ist das Sehempfinden ein wichtiger Faktor. Außerdem lassen einige Teilnehmer ihre Brille in der Umkleidekabine!

Kleidung

Es spielt wirklich keine Rolle, welche Kleidung man beim Sport trägt, solange sie Bewegungsfreiheit und ein gutes Klima garantiert. Da jede Stunde verschieden ist und auch die Umgebungstemperatur variiert, ist es ratsam, sich Kleidung zum Überziehen mitzubringen. Gerade bei Stretching- oder Entspannungsübungen kühlt der Körper schnell aus.

Schuhe

Für die Wahl der Sportschuhe gibt es hingegen keine Kompromisse. Die Schuhe brauchen besonders im Vorderfußbereich eine gute Dämpfung und eine gute Stabilität gegenüber Seitwärtsbewegungen. Aerobic-Schuhe eignen sich hierfür am besten. Mit einem guten Schuh kann man entscheidend dazu beitragen, die Gelenke und die Wirbelsäule zu schonen und Bewegungsabläufe effektiv und sicher zu gestalten. Argumente, dass diese Schuhe zu teuer sind, lasse ich nicht gelten (Was kostet eigentlich Pay-TV, eine Massagebehandlung oder ein Mittelchen zum Abnehmen aus der Apotheke?). Ab etwa 65,00 € kann man gute Trainingsschuhe mit den genannten Kriterien erwerben. Optimale Schuhe sind eine wichtige Investition für eine gesunde Zukunft[3].

Erkrankungen und körperliche Beeinträchtigungen

In diesem Buch möchte ich nicht viel über Krankheiten schreiben. Es ist in erster Linie ein Ideenbuch für die Praxis. Daher sind hier nur in Kürze einige erwähnenswerte Punkte aufgeführt, die Beachtung finden sollten. Im Buchhandel gibt es darüber hinaus eine Fülle von guter Literatur, die dieses Thema abdeckt. Außerdem muss man eine Fit-ab-50-Gruppe ja nicht immer gleich mit Krankheiten in Verbindung bringen.

Herz-Kreislauf-Erkrankungen

Mit zunehmendem Alter steigt das Risiko koronarer und arterieller Erkrankungen. Die Elastizität der Gefäße nimmt ab, die Wahrscheinlichkeit für Bluthochdruck steigt. Jeder Trainer sollte daher über die Kreislaufwerte und die medikamentöse Behandlung seiner Teilnehmer informiert sein. Ein variables Training, wie das in diesem Buch beschriebene, ist hinsichtlich der Beanspruchung des Herz-Kreislauf-Systems das sicherste und das effektivste. Nichtsdestotrotz ist jeder Teilnehmer für sich selbst verantwortlich. Die Schulung des subjektiven Belastungsempfindens und die Wissensvermittlung in Bezug auf ein gesundes Training dürfen deshalb im Unterricht nicht fehlen.

Folgenden Richtlinien gelten:
Bei Bluthochdruck sollten lang gehaltene statische Übungen und umfangreiches Krafttraining vermieden werden. Ein moderates Ausdauertraining kann sich positiv auf den Blutdruck auswirken.

---

[3] *Am Ende des Buches sind Kontaktadressen für die Beratung und den Verkauf von Sportschuhen aufgeführt (s. S. 127).*

Teilnehmer, die nach Herzinfarkt und abgeschlossener Therapie an einer Fit-ab-50-Gruppe teilnehmen wollen, brauchen die Genehmigung des Arztes. Ansonsten ist eine Herzgruppe zu empfehlen.

Bei Krampfadern sollten Übungen, bei denen lange gestanden wird, mit Lockerungsübungen und Gehbewegungen abgewechselt werden.

Bei der Einnahme von Medikamenten, die u.a. die Herzfrequenz senken (Betablocker), sollten lang dauerndes Ausdauertraining und hohe Intensitäten unbedingt vermieden werden.

Osteoporose

Bei der Osteoporose handelt es sich um eine Erkrankung der Knochen, bei der eine geringe Knochendichte das Ausmaß der Krankheit bestimmt. Bei Osteoporose besteht die Gefahr der Knochenverformung oder der Knochenbrüche. Sportliche Betätigung ist eine der wichtigsten Säulen in der Therapie.

Durch Beanspruchung und Druck auf den Knochen, die etwa durch Krafttraining ausgeübt werden, kann das Fortschreiten der Osteoporose aufgehalten, das Krankheitsbild sogar verbessert werden. Osteoporoseerkrankte wissen in der Regel selbst, wo ihre Grenzen sind und welche Übungen sie machen können und welche nicht.

Diabetes

Die Zuckerkrankheit ist durch einen Mangel an Insulin bedingt, welches den Blutzuckerspiegel kontrolliert. Diät und Medikamente sowie körperliche Aktivität können den fehlenden Regulationsmechanismus ersetzen. Während der akute Effekt des Sports in einer Senkung des Blutzuckerspiegels liegt, bewirkt er langfristig eine Trainingsanpassung im Sinne der Verbesserung der Glukosetoleranz. Der Betroffene kann sich hinsichtlich seiner Diät und seiner Insulingabe auf die sportliche Belastung einstellen und so eine eventuelle Unterzuckerung vermeiden.

Dem Trainer sollte eine Zuckerkrankheit seiner Teilnehmer bekannt sein und er sollte diese besonders im Auge behalten. Ein optimal eingestellter Diabetiker kann meist an den normalen Belastungen einer Fit-ab-50-Stunde ohne Einschränkungen teilnehmen.

Arthrose

Auch Gelenkverschleiß macht einigen Teilnehmern zu schaffen. Meist liegt eine Schädigung des Gelenkknorpels vor, welcher bei bestimmten Bewegungen schmerzt. Von Seiten des Trainers ist den betroffenen Teilnehmern zu raten, dass sie so viel mitmachen, wie sie können. Im Rahmen der Kompetenz des Trainers ist ein Trainieren in den Schmerzbereich nicht zu empfehlen.

Genauere Beurteilungen fällen Ärzte und Krankengymnasten. Ein Ruhigstellen des Gelenks bewirkt hingegen aber auch nicht gerade eine Verbesserung des Zustands, sondern eher eine Verschlechterung.

Wirbelsäulenschäden

Mit Rückenproblemen haben viele Menschen zu kämpfen. Immer mehr Untersuchungen beweisen, dass psychische Faktoren dabei eine große Rolle spielen. Eine Unterrichtsstunde sollte nicht nur allein deshalb eine geistige Erfrischung darstellen und Spaß machen.

Daneben hilft meist Bewegung. Mobilisationsübungen, kräftigende wie auch entspannende Übungen bewirken eine Verbesserung der Durchblutung und können Rückenprobleme lindern. Die ausgewählten Übungen sollten deshalb rückenschonend sein und große Rotations- oder Beugebelastungen vermieden werden. Die Qualität des Unterrichts besteht u.a. darin, dass die Teilnehmer ausreichende Hinweise erhalten, wie sie sich ihre individuelle Belastung gestalten können.

Die Liste der Erkrankungen könnte hier noch weiter fortgesetzt werden. Wir sollten uns aber immer im Klaren darüber sein, dass Trainer im Allgemeinen keine Ärzte sind. Wir können auch nicht jeden Teilnehmer vor jeder Stunde untersuchen.

Die erste Verantwortung hinsichtlich der Auswahl und der Variationen der Übungen, der Informationen über gesundes Training und der Eigenverantwortlichkeit gegenüber der Intensität der Übungen liegt beim Trainer. Die letzte Verantwortung liegt beim Teilnehmer selbst.

3.2 Mit Musik geht alles besser

Musik ist ein wunderbares Motivationsmittel. Sie lässt die Stunde zu etwas Besonderem werden. Bewusst eingesetzt, kann sie nicht nur die Stimmung in der Stunde entscheidend beeinflussen, sie wirkt ebenso auf die Trainingsintensität und auf die Bewegungsausführung. Mit Musik kann man eine Übung länger durchhalten, man ist abgelenkt von der eigentlichen Anstrengung und es macht viel mehr Spaß. Wenn man als Trainer einmal begonnen hat, mit Musik zu unterrichten, dann wird man nie wieder ohne musikalische Unterstützung eine Stunde leiten können. Das Wichtigste, was man allerdings unbedingt beachten sollte, ist, dass die Musik bewusst und unterstützend eingesetzt wird. Läuft sie nur als Hintergrundgeräusch mit, wirkt sie eher störend.

Obwohl der Musikstil immer eine Geschmacksfrage ist, habe ich jedoch die Erfahrung gemacht, dass eine fröhliche, abwechslungsreiche Musik mit einer klaren Struktur die Teilnehmer am meisten mitreißt. So sind aktuelle Sommerlieder genauso beliebt wie Oldies oder Musik aus den 70er Jahren. Die Mischung macht's.

Musik, die man kennt und bei der man mitsingen kann, lässt die Stunde zum Erfolg werden. Wenn Sie trotz allem unsicher sind, welche Musik Sie wählen sollen, dann fragen Sie doch Ihre Gruppe. Aus den CD-Sammlungen Ihrer Teilnehmer lässt sich sicherlich ein großes Programm zusammenstellen.

Das Wichtigste, was man bei der Auswahl der Musik bedenken sollte, sind folgende vier Punkte:

1. Bin ich als Trainer durch die Musik motiviert?
2. Passt der Stil der Musik zur Bewegung?
3. Stimmt die Geschwindigkeit der Musik?
4. Passen die Bewegungen in die Struktur der Musik?

Musik als Motivationsmittel

Nur wenn ich als Trainer selbst durch die Musik motiviert werde, kann ich auch die Teilnehmer motivieren. – Und dann kann man ihnen alles verkaufen. Am Ende des Buches finden Sie Musiktipps verschiedenster Stilrichtungen (s. S. 124).

Der Stil der Musik

Das Hineinversetzen in die Musik ist eine wichtige Voraussetzung, damit das, was man unterrichten möchte, auch herüberkommt. Die Bewegungen müssen mit dem Stil der Musik harmonieren. So unterrichtet man bei Rock 'n' Roll-Musik am besten Kick- und Twistbewegungen, bei Stimmung machender Sommermusik lockere Bewegungen mit eventuell leichten Latinobewegungen.

Die Geschwindigkeit der Musik

Das Tempo der Musik muss zur Bewegung passen und sie unterstützen.

Die Geschwindigkeit ist für Form und Sicherheit der Bewegung sehr wichtig. Ist die Musik zu schnell, werden die Bewegungen oft sehr unkontrolliert; die Technik wird schlecht. Ist die Musik zu langsam, werden die Bewegungen oft zu langsam und schwerfällig ausgeführt. Man sollte also beachten, welches Ziel man mit dem Lied oder der Choreografie erreichen möchte.

Beim Training der korrekten Technik ist eine langsamere, klare Musik von Vorteil. Will man Schnelligkeit trainieren, sollte die Musik eine temporeiche Bewegung fördern. Möchte man die Musik einsetzen, damit eine lockere, lustige Atmosphäre erzeugt wird, braucht man ein Musiktempo, das die Stimmung trägt und nicht drückt. Um all das berücksichtigen zu können, ist eine *Pitch Control* (Geschwindigkeitsregulierung) bei Musikanlagen hilfreich. Man kann damit das Tempo der Musik der Situation optimal anpassen.

Die Geschwindigkeit lässt sich auf zwei Arten bestimmen:

Erstens fühlt man in die Musik hinein und probiert aus, welche Übungen passen könnten. Zweitens kann man das Tempo bestimmen, indem man eine Minute lang die Schläge, auch *Beats* oder *Zählzeiten* genannt, einer Musik zählt. Man erhält so die **bpm** *(beats per minute)*, also die Schläge pro Minute.

Ich schlage folgende Geschwindigkeiten vor:

Warm-up	**120-130 bpm**
Aerobic und Ausdauertraining	**120-150 bpm**[4]
Schnelligkeitstraining	**150-180 bpm**
Step-Aerobic	**115-125 bpm**
Krafttraining	**100-120 bpm**
Stuhlgymnastik	**egal**
Stretching	**unter 100 bpm**
Entspannung	**Musik ohne Beats**

Die Struktur der Musik

Musik ist aufgebaut wie ein Buch. Es gibt ein Vorwort, eine Geschichte und ein Ende sowie Kapitel, Absätze, Sätze und Buchstaben. Mehrere Absätze können ein Kapitel bilden, wie die Strophen und der Refrain einer Musik.

Musikbögen und Phrasen

Die Beats einer Musik bilden die Buchstaben. Sie sind in Sätzen, also in Phrasen zusammengefasst. Jede *Phrase* (auch *kleiner Musikbogen* genannt) besteht aus acht Beats. Die Sätze eines Buches sind zu Absätzen zusammengefasst. Vier Phrasen einer Musik bilden einen *großen Musikbogen*.

Also: kleiner Musikbogen (eine Phrase) = acht Beats
großer Musikbogen = vier Phrasen = 4 x 8 Beats = 32 Beats

Die Zählzeit „1" einer Phrase ist immer betont. Die „1" eines großen Musikbogens ist noch stärker betont. Durch aktives, bewusstes Zuhören und Mitfühlen kann man lernen, die „1" herauszuhören.

---

4 *Die angegebenen bpm sind stark abhängig von der Intensität und der Dauer der Bewegungen. Entscheiden Sie individuell und der Situation entsprechend.*

Professionelle Trainer stimmen die Schritte und Kombinationen auf diese Bögen ab. Im Aerobic-Jargon heißt das: „Man ist auf der 1." Und auch die Teilnehmer spüren, ob der Trainer mit der Musik arbeiten kann oder ob er *irgendwie daneben* ist.

Tipps zum Üben

!

Wer lernen möchte, mit der „1" zu arbeiten, der sollte zunächst Musikstücke benutzen, bei denen man die einzelnen Musikbögen gut heraushören kann. Empfehlen kann ich dazu Wanda Jacksons „Let's Have a Party" oder den „Jailhouse Rock" von Elvis Presley.

Wenn Sie die Musikbögen heraushören können, dann setzen Sie Bewegungen auf diese Musik. Beginnen Sie mit der Bewegung auf der „1" und enden Sie beim letzten Schlag dieses Musikbogens. Sie werden merken, bald bekommt man ein natürliches Gefühl dafür, wie man Bewegungen auf den Musikbogen setzt – und dann kann man nicht mehr anders.

In einigen Liedern (und gerade bei den schönen Oldies) sind jedoch so genannte *Breaks* enthalten. Sie sind die Pausen oder die Unregelmäßigkeiten in einer Musik und bestehen meistens aus vier oder acht zusätzlichen Beats. Breaks können ein Lied abwechslungsreich, spannend und interessant machen. Deshalb sollte man sich vor dem Unterricht die Musik genauer anhören, um dann entsprechend reagieren zu können. Ein schönes Mittel, um auf Breaks und andere Unregelmäßigkeiten einzugehen, ist, auf die Strophe und auf den Refrain zu achten.

Strophe und Refrain

Wenn man nicht unbedingt auf 32 Beats unterrichten möchte (oder noch nicht unterrichten kann), dann gibt es noch eine andere, viel einfachere Möglichkeit, sich der Musik anzupassen. Es ist die *Strophe-und-Refrain-Methode.*

Die Bewegungen werden auf die verschiedenen Bestandteile, auf die Struktur der Musik, abgestimmt. Fast jedes Lied lässt sich in Strophen und Refrains einteilen. Gewöhnlich sind außerdem noch eine Einleitung (Intro) und ein meist instrumentales Zwischenstück (Brücke) in der Musik enthalten. Auf jeden Bestandteil wird nun eine Bewegung gesetzt, die, damit sie wirkungsvoll ist und Spaß macht, möglichst einfach gestaltet wird. So erhält man eine gesamte Choreografie für ein bestimmtes Lied. Ach ja, und noch ein nützlicher Tipp: Bei der Strophe-und-Refrain-Methode sind Breaks gar nicht störend. Meistens bemerkt man sie überhaupt nicht, da die Aufmerksamkeit auf eine andere Struktur gelenkt wird.

Wenn Sie beginnen möchten, mit dieser Methode zu unterrichten, dann benutzen Sie Musik, die Sie sehr gut kennen. Sie werden sehen, wie einfach es ist. Und so ganz nebenbei lernt man, auf der „1" zu arbeiten.

„Fitness mit Musik macht Spaß und bringt Aktivität!"

3.3 Ablauf der Stunde

Natürlich kann man keine Patentrezepte geben, wie eine Stunde aufzubauen ist. Die folgende Aufstellung soll allerdings einen brauchbaren Anhaltspunkt geben. Obwohl das Fitnessniveau zwischen den verschiedenen Gruppen und auch zwischen den einzelnen Teilnehmern sehr unterschiedlich sein kann, so gibt es doch einige Punkte, die für alle gelten.

Wie anfangs erwähnt, sind die Kommunikation und der Spaß zwei ganz entscheidende Faktoren, nicht nur in einer Fit-ab-50-Stunde. Sie beeinflussen die Atmosphäre, die Stimmung und auch den Ablauf der Stunde. Der Trainer sollte daher unbedingt die Fähigkeit zur Spontaneität und Flexibilität mitbringen. Wenn man die Stunde in der groben Struktur gut vorbereitet, aber zusätzliche Übungen, Bewegungen, Choreografien im Hinterkopf (und CDs in der Tasche) hat, läuft die Stunde flüssig und effektiv.

Meine Erfahrungen haben gezeigt, dass die Flexibilität, die nach außen wie eine gründliche Vorbereitung wirkt, die Stunde für Trainer und Teilnehmer erfolgreich werden lässt. Auf viele Faktoren muss man vorbereitet sein: Das Wetter macht müde und schlapp, Rückenprobleme einiger Teilnehmer lassen bestimmte Übungen nicht zu, Ausgelassenheit und Lachkrämpfe lassen einem ernsthaften Unterricht die Luft ausgehen oder wichtige Themen, die besprochen werden müssen, dulden keinen Aufschub. Eines aber kann man mit Sicherheit sagen: Keine Fit-ab-50-Stunde ist wie die andere!

Möglichkeiten der Zeiteinteilung einer Fit-ab-50-Stunde:

2-5 Minuten	**Begrüßung**
10-15 Minuten	**Warm-up**
20-25 Minuten	**Hauptteil**
5-10 Minuten	**Cool down und Stretching**
10-15 Minuten	**Entspannung**
1 x im Monat	**Kaffeeklatsch**

3.3.1 Warm-up

Die Aufwärmphase sollte so aufgebaut sein, dass sich die Teilnehmer optimal auf die kommende Belastung vorbereiten können.

Somit ist auch die Stimmung und die Atmosphäre, die am Anfang herrscht, für den Verlauf der Stunde ausschlaggebend. Denn: Wer Spaß an einer Sache hat, der macht sie auch gut und intensiv.

Ziele

Zu den wichtigsten Zielen eines Warm-ups gehört die allmähliche Steigerung der Herzfrequenz. Das Herz-Kreislauf-System muss sich langsam an die höhere Belastung anpassen, um in der Stunde optimal funktionieren zu können. Gleichzeitig werden der aktive und passive Bewegungsapparat, also Muskeln, Bänder, Knochen, Gelenke usw., so vorbereitet, dass die Durchblutung und die Nervenleitfähigkeit steigt und somit die Verletzungsgefahr sinkt.

Inhalte

Inhaltlich eignen sich daher Ganzkörperbewegungen und Gelenkisolationen. Das heißt im Einzelnen: Durch Ganzkörperbewegungen wird die Herzfrequenz gesteigert. Konkret bedeutet das beispielsweise March am Platz und in Raumbewegung, Heel Digs, Push Touches oder Step Touches. Die Ausführung der Bewegungen sollte mittelmäßig intensiv sein, wobei der Stil und das Tempo der Musik hier die Intensität vorgeben können. Ich empfehle, die Übungen zwar leicht nachvollziehbar, aber sehr variabel zu unterrichten. Je mehr Abwechslung im Warm-up herrscht, desto besser wird der Körper vorbereitet.

Zu den Gelenkisolationen gehören alle Mobilisationsübungen, die die Gelenke und die Wirbelsäule auf Beanspruchung vorbereiten. Dazu gehören z.B. Schulterkreisen, Armkreisen, behutsame Flexion und Extension der Wirbelsäule, Bewegungen der Fuß- und Kniegelenke. Bewegungen, die vorsichtig an den Gelenkanschlag gebracht werden und dabei die Muskulatur dehnen, sind ebenso sinnvoll, vorausgesetzt, die Übungen werden kontrolliert ausgeführt.

Zum Stretching möchte ich an dieser Stelle sagen, dass ich im Aufwärmen das dynamische Dehnen bevorzuge. Das bedeutet, dass die Stretching-Positionen nicht statisch gehalten werden, sondern dass in Bewegung gedehnt wird. Das können kleine, vorsichtige Nachfederungen oder auch große Mobilisationsübungen wie intensives Schulterkreisen sein. Dem Ziel, die Gelenke und die Muskeln auf Bewegung vorzubereiten, wird man so besser gerecht, als würde man die Übungen nur halten.

Zudem habe ich die Erfahrung gemacht, dass Dehnen in Bewegung am Anfang der Stunde entscheidend zur Verbesserung der Beweglichkeit beiträgt. Mehr und mehr Forschungsergebnisse zeigen uns, dass das dynamische Dehnen zu Beginn einer Fitnesstrainingseinheit den Körper optimaler vorbereitet als statisches Stretching. Das gilt ebenso für Fit-ab-50-Kurse, wie auch für Aerobic oder Skigymnastik.

Konkrete Tipps

!

Das Warm-up einer Fit-ab-50-Stunde unterscheidet sich gegenüber anderen Fitnesskursen hinsichtlich der Intensität. Ich empfehle beispielsweise, die Ganzkörperübungen und die Isolationsübungen getrennt voneinander zu unterrichten. Das heißt, genauer gesagt, dass zunächst mit einem mittelschnellen Lied mit March und Step Touches das Herz-Kreislauf-System angeregt wird. Die Musik sollte gute Laune machen und mitreißend sein. Das zweite Lied kann dann etwas langsamer sein. Hier können gezielt und konzentriert Isolationsbewegungen unterrichtet werden, da schon die Durchblutung gesteigert ist. Ein drittes Lied gilt dann wieder eher der Steigerung der Herzfrequenz. Ganzkörperübungen können dann mit einfach auszuführenden Isolationsbewegungen kombiniert werden, also z.B. Step Touch und Schulterkreisen. Diese Vorgehensweise hat sich in meinen eigenen Kursen als optimal herausgestellt. Meine Teilnehmer fühlen sich dann optimal vorbereitet und locker.

Warnen möchte ich jedoch davor, zu oft Ganzkörperbewegungen mit Mobilisationsbewegungen zu kombinieren. Meist wird dann keines von beiden richtig durchgeführt, da die Teilnehmer häufig koordinativ überfordert sind. Unterrichten Sie diese Übungen getrennt und geben Sie viele Hinweise zur Bewegungsausführung und zur Technik. Die Teilnehmer haben dann mehr davon. Vergessen Sie natürlich auch nicht die Motivation. Spaß und Kommunikation dürfen in keiner Phase fehlen.

3.3.2 Hauptteil

Eine Fit-ab-50-Stunde ist in ihrem Aufbau sehr variabel. Jede Woche kann ein neuer Schwerpunkt die Stunde füllen. So eignet es sich hervorragend, die Übungsvorschläge, die in Kapitel 4 beschrieben wurden, miteinander abzuwechseln oder immer neu zu kombinieren.

Ziele

Was wollen wir eigentlich erreichen? Wir wollen die Teilnehmer fit machen für das, was sie in ihrem Leben brauchen. Meist ist das allgemeine körperliche Gesundheit und Fitness. Beispielsweise möchten die Teilnehmer ohne Mühe Treppensteigen, wieder den kleinen Berg vor der Haustür mit dem Fahrrad leichter schaffen, sich für den Skiurlaub fit machen oder mit den Enkelkindern Fußball spielen. Deshalb müssen wir sie so trainieren, dass sie das, was sie machen möchten, auch locker schaffen.

Das bedeutet, dass wir sie sehr variabel trainieren und viele motorische Beanspruchungsformen ansprechen. Dazu gehören neben Ausdauer und Kraft auch Schnelligkeit und Beweglichkeit, um nur einige Fähigkeiten zu nennen. Neben diesen konditionellen Faktoren spielen ganz besonders die koordinativen Beanspruchungsformen eine entscheidende Rolle. Balance-, Geschicklichkeits- sowie Reaktionsübungen verbessern die Nervenleitgeschwindigkeit und tragen somit stark dazu bei, das Sturzrisiko zu mindern.

Wie schon eingangs erwähnt, ist eine Fit-ab-50-Stunde nicht nur dazu da, die Fitness zu trainieren, sie sollte außerdem ein *zwischenmenschliches Event* sein. Gerade in dieser Phase der Stunde kann man das Zusammengehörigkeitsgefühl und Gruppenkontakte fördern.

Inhalte

Jede Stunde sollte eine Ausdauereinheit beinhalten, die aber unterschiedlich intensiv ausfallen und eine variable Dauer haben kann. Die Teilnehmer einer Fit-ab-50-Stunde haben meist die gleiche Einstellung wie die Mitwirkenden anderer Kurse: Wenn man nicht geschwitzt hat, hat es sich eigentlich nicht gelohnt. Auch wenn man als Trainer redet und redet und erklärt, dass andere Unterrichtsschwerpunkte, bei denen man nicht so stark ins Schwitzen kommt, ebenso wichtig sind und andere Fähigkeiten ansprechen, so trägt das Ausdauertraining sehr viel zum allgemeinen Wohlbefinden und dem Gefühl bei, man habe etwas getan. Ganz besonders eignen sich dazu die Choreografien, wie sie in Kapitel 4.4-4.6 beschrieben sind. Sie machen Spaß und fördern die Ausdauer. Sind die Teilnehmer fortgeschritten, so kann man auch zusammenhängende Musik mit länger dauernden Bewegungen einsetzen.

Konkrete Tipps

!

Drei Choreografien, die auf eine bestimmte Musik zusammengestellt sind, reichen schon, um das Herz-Kreislauf-System effektiv zu belasten. Durch die Pausen zwischen den einzelnen Liedern entsteht ein extensives bzw. variables Intervalltraining. Da die meisten Choreografien vor der Ausführung kurz erklärt und geübt werden, können sich die Teilnehmer, die konditionell nicht so fit sind, erholen. Die anderen können intensiver mitüben, also weitertrainieren. Der besondere Vorteil der Pausen besteht in der Möglichkeit zur Kommunikation. Ausführliche Hinweise von Seiten des Trainers bzw. kurze Gespräche zwischen den Teilnehmern lockern die Atmosphäre und heben die Stimmung.

Nach auflockernden Bewegungen kann ein Krafttraining für Beine und Rücken mit einem Exertube folgen. Viele Übungen im Stand und einige am Boden sind hier sinnvoll. Bewegungen im Stand können zudem optimal mit Balanceübungen kombiniert werden. Ein kurzes Koordinationsspiel für Finger und Hände rundet diesen Teil der Stunde ab.

3.3.3 Cool down und Stretch

Unter *Cool down* versteht man, dass alle auf Leistung eingestellten Parameter langsam wieder auf das Ausgangsniveau zurückgebracht werden. Das bedeutet beispielsweise, dass die Herzfrequenz allmählich gesenkt und die muskuläre Belastung stark verringert wird. Die Musik ist eher langsam, die Bewegungen locker und wenig intensiv.

Die Ausführung der Übungen und die Dauer dieser aktiven Erholung hängt dabei sehr von der Intensität und der Art des vorangegangenen Hauptteils ab. Statische Dehnungen können mit lockeren Bewegungen kombiniert oder ans Ende dieser Phase gesetzt werden.

Ziele

Wie schon gesagt, gehört die allmähliche Senkung der Herzfrequenz, kombiniert mit Bewegungen, die die Muskeln lockern, zu den Hauptzielen. Die Teilnehmer können das meist sehr gut nachvollziehen und genießen diesen Teil der Stunde. Oft kommt es vor, dass die Gruppe den Beginn dieser Phase nutzt, um einen Schluck zu trinken oder kurze Worte miteinander zu wechseln. So bekommt diese Phase nicht nur den Sinn der körperlichen Beruhigung, sondern auch der mentalen Auflockerung.

Inhalte

Oft wählt man Musik mit etwa 100-125 bpm und unterrichtet einfache und lockere Schritte und Armbewegungen. Zu den passenden Schritten gehören kleine Step Touches, Push Touches oder March. Die Arme können ohne Spannung in die Bewegungsrichtung mitgeschwungen werden. Auch Raumbewegungen oder andere Organisationsformen passen hier sehr gut. Wenn der Trainer statisches Stretching einfließen lassen möchte, so eignen sich zunächst Dehnungen für die Beinmuskeln im Stand. Nach vorangeschrittener Beruhigung des Körpers erfolgen Stretching-Übungen für den Oberkörper. Am entspannendsten und effektivsten sind dabei Übungen am Boden. Einfach einzuhaltende Positionen sind zu bevorzugen.

!

Konkrete Tipps

Als Abkühlphase nach einer Ausdauerstunde eignet sich die Choreografie zu „The Lion Sleeps Tonight". Sie ist hinsichtlich der Intensität eher in einem mittleren Bereich anzusiedeln und verursacht durch den Stil der Musik lockere Bewegungen und kleine Schritte. Im Anschluss an diesen Titel sollte ein Stretching eingefügt werden, beginnend im Stand mit dem Stretching der Wadenmuskulatur und beispielsweise der vorderen Oberschenkelmuskulatur. Werden diese Dehnungen abwechselnd mit Atemübungen unterrichtet, so wird der Übergang zur Entspannungsphase fließend. Nachdem sich die Teilnehmer eine Matte bereitgelegt haben und sich eventuell wärmere Kleidung übergezogen haben, können in Rückenlage die Dehnungen für die rückwärtige und innere Oberschenkelmuskulatur sowie für die Rücken- und Bauchmuskulatur folgen. Handelt es sich im Hauptteil um eine Stunde mit dem Schwerpunkt Kraft oder Balance, kann eine weniger intensive Cool down-Choreografie folgen. Frank Sinatras „New York, New York" eignet sich besonders gut zur allgemeinen Auflockerung.

Hier noch ein persönlicher Tipp: Bei reinen Stretching-Übungen spiele ich fast nie Musik, da die Bewegungen gut erklärt werden müssen. Ein Hintergrundgeräusch würde eher stören.

3.3.4 Entspannung

Diese Phase ist fester Bestandteil meiner Fit-ab-50-Stunden. Sie wird von den Teilnehmern sehr genossen oder manchmal auch herbeigesehnt. Sie empfinden die Entspannung als Belohnung für ein anstrengendes Training. Kommentare wie: „Na, endlich!" oder: „Jetzt kommt das Beste!" (Danke, für das Kompliment!) sind zu hören. Einige Teilnehmer bringen eigene Kissen zum entspannten Lagern von Kopf oder Beinen und Wolldecken mit. Ein warmes und entlastetes Liegen unterstützt die Entspannung. Besonders wichtig ist, dass die Teilnehmer bequem liegen. Das bedeutet, dass jeder die Position finden kann, die ihm am angenehmsten ist. Das kann also auch in Seit- oder in Bauchlage sein. Eine Rückenlage empfehle ich nur, wenn die Teilnehmer gern und schmerzfrei auf dem Rücken liegen können. Nichts wirkt einer Entspannung mehr entgegen als ein unangenehmes Gefühl in der Wirbelsäule oder in den Gelenken.

Zur Unterstützung der Entspannung wird das Licht gedämpft und ruhige, leise Musik gespielt. Der Trainer fördert diese Atmosphäre durch entspannende Worte, langsames Sprechen und eine ruhige Stimme.

Ziele

Das Ziel liegt auf der Hand: Entspannung für Körper und Geist. Dadurch, dass keine Bewegung stattfindet, können sich die Teilnehmer ganz auf das Zuhören und das Mitfühlen konzentrieren. Der mentalen Entspannung folgt eine körperliche. Ein Loslassen und Sichkonzentrieren auf einzelne Körperteile kann Verspannungen lösen und ein warmes, wohliges Gefühl bewirken.

Wichtig finde ich, dass die Teilnehmer am Ende der Stunde den Effekt zwar spüren, aber nicht müde oder ermattet aus der Stunde gehen. Die Tiefe der Entspannung sollte so gewählt werden, dass die Teilnehmer ausgeruht, aber doch tatkräftig nach Hause gehen können.

Inhalte

Gerade in letzter Zeit sind Entspannungsmethoden sehr beliebt und voll im Trend. Was man inhaltlich in einer Fit-ab-50-Stunde anbietet, hängt eher von den Vorlieben des Trainers ab. Denn nur, was man mag, kann man auch an den Mann bringen. Fantasiereisen eignen sich genauso wie eine Reise durch den Körper. Methoden zu Anspannung und Entspannung sind bei Teilnehmern wie auch bei Trainern sehr beliebt.

!

Konkrete Tipps

Zunächst möchte ich denjenigen, die nicht viel Erfahrung mit Entspannungsprogrammen haben, einige Tipps ans Herz legen. Schaffen Sie sich als Trainer selbst ein ruhiges, gemütliches Plätzchen, von wo aus die Teilnehmer Sie gut hören können. Erst wenn Sie selbst ruhig sind, ist auch Ihre Stimme ruhig und gelassen. Stellen Sie die Musik so leise wie möglich. Erst wenn Sie das Gefühl haben, dass sie nicht gegen die Musik, sondern mit der Musik sprechen, ist die Lautstärke richtig. Meist kommt es nicht so sehr darauf an, was der Trainer sagt, sondern wie er es sagt. Der Ton macht die Musik. So kommt es, dass viele Teilnehmer im Verlauf der Entspannung irgendwann abschalten und den Inhalten der Worte nicht mehr folgen. Dennoch nimmt das Unterbewusstsein sie auf.

Falls Sie noch weitere Hilfe benötigen, gibt es in der Literatur eine Fülle von praktischen Beispielen und Texten verschiedenster Entspannungsmethoden. Für den Anfang hilft es sehr gut, wenn man einen Text vorliest. Und mal ganz ehrlich: Wann wird einem Erwachsenen schon mal etwas vorgelesen? Die Teilnehmer genießen es.

Wenn Sie beim Sprechen selbst etwas müde und entspannt werden, können Sie sicher sein, dass die Entspannung bei den Teilnehmern ankommt.

3.3.5 Kaffeeklatsch

Der Kaffeeklatsch: für einige Trainer abschreckend, für andere willkommen.

Gemeint ist damit weniger das Tratschen über den Nachbarn bei fetter Torte und Eierlikör, sondern das gemütliche Beisammensitzen nach der Stunde. Ob dabei Kaffee und Kuchen, ein Sekt oder ein Glas Mineralwasser auf dem Tisch steht, ist unerheblich. Viel wichtiger ist, was zwischenmenschlich passiert. Die Teilnehmer und der Trainer lernen sich mehr und mehr kennen, Persönliches wird ausgetauscht und das Interesse aneinander steigt. All das wirkt sich positiv auf den Gruppenzusammenhalt und auf die Stimmung während des Unterrichts aus.

Wichtig für die Teilnehmer ist es meist, auch etwas über den Trainer zu erfahren. Familienverhältnisse, Hobbys usw. sind Themen, die die Gruppe interessieren. Und das ist gut so. Persönliches gehört zum Leben und zu einer guten Zusammenarbeit. Der Trainer ist bald nicht mehr das übernatürliche Wesen, sondern ein Mensch wie du und ich, mit Schwächen und Stärken. Wie viel der Trainer von sich preisgibt und wie eng er das Verhältnis zu seiner Gruppe halten möchte, sei allerdings ihm überlassen.

Mein ganz persönlicher Tipp: Natürlichkeit und Offenheit sind wichtig, ein zu enges Verhältnis ist zu viel.

Der Kaffeeklatsch hat aber nicht nur Vorteile für die Teilnehmer, sondern auch für den Trainer. Denn oft bekommt er erst beim gemütlichen Zusammensitzen wichtige Informationen für seinen Unterricht. Dinge, die von Seiten der Teilnehmer in einer Stunde nicht erwähnt werden, kommen hier zur Sprache. Wertvolle Kritik und Anregungen werden geäußert, die der Trainer gern aufnehmen sollte. Denn erst die Bereitschaft, Feedback entgegenzunehmen, lässt den Unterricht immer besser werden. Darüber hinaus bekommt der Trainer wichtige Infos über den Gesundheitszustand der Teilnehmer. Auch wenn im Vorfeld eine ärztliche Untersuchung stattfindet und der Trainer informiert werden sollte, so kommt doch beim näheren Nachfragen das ein oder andere Wehwehchen zum Vorschein. In den folgenden Stunden kann dann besser auf die einzelnen Bedürfnisse der Teilnehmer eingegangen werden.

Wie oft veranstaltet man nun das gemütliche Beisammensein? Ich empfehle, einen Kaffeeklatsch nicht öfter als einmal im Monat durchzuführen. Das Besondere sollte gewahrt werden. In welchem Rahmen er veranstaltet wird, entscheiden meist die Teilnehmer lieber und besser. Im Anschluss an eine Unterrichtsstunde halte ich es für am sinnvollsten.

Noch ein Tipp: Neue Teilnehmer können gerade in dieser Phase der Stunde in die Gruppe integriert werden. Cliquenbildung bei offenen Gruppen, wie z.B. in einem Fitnessstudio, sollte unterbunden werden. Gruppenzusammenhalt hin oder her, was zu weit geht, geht zu weit – für Teilnehmer und Trainer.

„Die Teilnahme an den Fit-ab-50-Stunden gibt Elan und Schwung!"

„Fitness und Geselligkeit gehören zusammen!"

„Fitnesstraining soll doch Spaß machen, oder?"

4 Übungsvorschläge und Choreografien

Jetzt geht es endlich an die Praxis. Mit den folgenden Seiten möchte ich Ihnen viele Anregungen und Ideen geben. Alle Übungen und Choreografien sind aus dem praktischen Unterricht mit mehreren Fit-ab-50-Gruppen entstanden und ständig weiterentwickelt worden. Sie brauchen also nichts weiter zu tun, als diese Vorschläge zu übernehmen und sie auf die individuellen Bedürfnisse Ihrer Teilnehmer zuzuschneiden. Denn: Jede Gruppe ist anders, ja, jeder Teilnehmer ist anders. So ist es unbedingt notwendig, sich in der Vorbereitung auch Alternativen und Variationen zu überlegen, die dann spontan in der Stunde zum Tragen kommen. Die hohe Kunst des Unterrichtens besteht darin, die Übungen so zu wählen, dass jeder auf seine Kosten kommt. Das gilt sowohl für das Training als auch für den Spaß an der Sache.

Und noch ein Tipp: Wenn die Stimmung stimmt, wenn der Trainer motivieren kann, kann man nahezu alles machen. Dann kann man auch „Anton aus Tirol" spielen und alle werden Spaß daran haben. Es kommt also nicht nur auf die Übungen an sich an, sondern auch auf die Verpackung.

Bei der Auswahl der Übungen sollte sich der Trainer zunächst überlegen, was sein Ziel ist und was er mit welchen Übungen erreichen möchte. Die Zeiten sind vorbei, als Bewegungen nur Beschäftigung waren und sie unreflektiert vom Vorgängertrainer übernommen wurden. Hinter jeder Übung steht heute ein Gedanke, ein Hintergrund. Die Übungsvorschläge und Choreografien sind daher auch mit einer Bewertung der motorischen und koordinativen Beanspruchung versehen. Drei Sterne bedeuten eine hohe Belastung, zwei Sterne eine mittlere und ein Stern eine geringe Belastung.

Übungsvorschläge zur Kraft, Koordination und Balance

In der Literatur werden für ältere Menschen viele Übungen aus der Wirbelsäulengymnastik empfohlen. Das hat auch seine Berechtigung. Ich möchte Ihnen jedoch hier Übungen aufzeigen, die etwas über den normalen Rahmen hinausgehen. Dieses Buch soll Ihnen in erster Linie Anregungen und Ideen geben, was man neben den üblichen Übungen noch so alles machen kann.

Choreografien für Aerobic, Step und Stuhlgymnastik

Die meisten der hier beschriebenen Choreografien dienen dem Training der Ausdauer. Sie sind daher hinsichtlich der Koordination und der Schwierigkeit eher auf einem leichten bis mittleren Niveau anzusiedeln. Das Ziel sollte ja nicht darin bestehen, dass die Teilnehmer lange über die Schritte nachdenken müssen. Sie sollen ihre Ausdauer trainieren und mehr auf die Ausführung der Schritte achten, nicht auf die Reihenfolge von Schrittkombinationen. Das Schlüsselwort lautet: einfach, aber effektiv.

Da die Lieder etwa 3-4 min dauern, entsteht eine Pause zwischen den einzelnen Titeln. Diese Pause wird von den Teilnehmern nicht als störend empfunden. Im Gegenteil: Die Unterbrechung ist willkommen und fördert ein variables Ausdauertraining und die Kommunikation zwischen den Teilnehmern sowie zwischen den Teilnehmern und dem Trainer. Möchte man die Gruppe mit einer Dauermethode unterrichten, so sollte man Musik wählen, die durchgängig ist (siehe Kapitel 8).

Wie geht man vor, damit man die dargestellten Choreografien auch versteht? Die Grundbegriffe der Musik und ihre Struktur sind in Kapitel 3.2 bereits erklärt worden. Zu den Choreografiebeschreibungen muss noch Folgendes hinzugefügt werden:

In der ersten Spalte sind die einzelnen Abschnitte, also Strophen, Refrain, Brücken usw. durchnummeriert. Unter der Spalte „Bewegung" ist es dann einfacher zu erkennen, was genau wiederholt werden soll.

Die Spalte „Struktur" beschreibt genau die Reihenfolge, in der in diesem Lied die einzelnen Strophen angeordnet sind. Sie als Trainer brauchen also die Musik nicht mehr selbst auszählen. Sie können sich auf die Beschreibung verlassen. Zur besseren Orientierung ist der gesungene Text mit einigen Worten aufgeschrieben.

Die Spalte „Beats" beschreibt, über wie viele Musikschläge die Bewegung auszuführen ist. In der Spalte „Bewegung" sind die Schritte beschrieben.

Die meisten benutzten Namen sind Begriffe aus dem internationalen Aerobic. Der Vorteil dieser englischen Begriffe liegt darin, dass man kurz, aber genau, beschreiben kann, was gemacht werden soll, ohne unübersichtlich lange Sätze schreiben zu müssen. Die genaue Bedeutung und Beschreibung der einzelnen Schritte finden Sie in Kapitel 6 „Glossar" am Ende des Buches. Nach kurzer Zeit wird Ihnen das Lesen der Choreografien leicht fallen. Sie werden sich schnell einen Überblick verschaffen können.

Beispiel: Aufwärmen mit „A Walk in the Park" von der Nick Straker Band.

CHOREOGRAFIE				
Abschnitt	Struktur	Beats	Bewegung	Armbewegung
1	**Intro:** instrumental	32 + 16	March am Platz.	Großes, langsames Armkreisen, verbunden mit Atmung.
2	**Break:**	4		
3	**1. Strophe:** „Walk in the park."	2 x 32	March am Platz.	Schulterkreisen rückwärts.
4	**Refrain:** „A walk in the park, a step in the dark ..."	32 + 16	Vier Schritte vor, vier am Platz, vier zurück, vier am Platz. Dieses noch zweimal wiederholen.	
5	**2. Strophe:** „Walk in the park."	2 x 32	Acht Heel Digs, acht Push Touches, acht Heel Digs, acht Push Touches.	Die Arme schwingen nach vorn.
6	**Refrain:**	32 + 16	Abschnitt 4 wiederholen.	

Erklärung

Abschnitt 1, das Intro, ist die Einleitung für die folgende Choreografie. Da in diesem Beispiel das Intro allerdings etwas länger ist als bei den anderen Liedern, kann man hier schon einige Armbewegungen einfließen lassen. Wenn keine Angaben zu den Wiederholungen gegeben sind, so steht es dem Trainer frei, wie oft er dieses wiederholen möchte.

Abschnitt 2 beschreibt eine Pause, eine Unregelmäßigkeit in der Musik. Meist merkt man sie gar nicht oder sie wird mit March am Platz gefüllt.

Abschnitt 3 ist die erste Strophe. Die Beinbewegung besteht weiter aus March am Platz, die Arme vollziehen ein Schulterkreisen. Dies kann gleichzeitig oder im Wechsel geschehen. Der Trainer sollte sein Vorgehen vom Können der Teilnehmer abhängig machen.

Abschnitt 4 beschreibt den Refrain. Obwohl bei diesem Lied die Strophe und der Refrain meist mit demselben Text anfängt, so kann man doch einen Unterschied an der zweiten Zeile erkennen. In jedem Lied ist der Text des Refrains übrigens gleich. Die Bewegungen dieses

Refrains bestehen aus insgesamt drei gleichen Schrittfolgen. Die Anweisung: „Vier Schritte vor, vier am Platz, vier zurück, vier am Platz", nimmt insgesamt 16 Beats ein, sodass dieses also noch zweimal wiederholt werden muss, damit man auf insgesamt 48 Beats kommt (ich schreibe aber 32 + 16 für den besseren Überblick). Choreografien sind reine Mathematik!

Abschnitt 5 beschreibt eine weitere Strophe. Die Reihenfolge der Schritte ist durch die Reihenfolge der Angaben vorgegeben: Man unterrichtet nacheinander acht Heel Digs, acht Push Touches, acht Heel Digs, acht Push Touches. Ein Heel Dig besteht immer aus zwei Beats. Für acht Heel Digs braucht man also 16 Beats. Für Push Touches gilt das Gleiche. Da keine Angaben zu rechts oder links gemacht werden, steht die Entscheidung dem Trainer frei. Wenn man aber diese Schritte mit rechts und links im Wechsel unterrichtet, liegt man immer richtig.

Abschnitt 6 ist eine Wiederholung von Abschnitt 4, da es sich wiederum um den Refrain handelt.

4.1 Balancetraining

Die Teilnehmer einer Fit-ab-50-Gruppe sind in ihrem Fitnessniveau und Können sehr unterschiedlich. Und gerade bei Balanceübungen zeigen sich große Unterschiede. Daher ist es sehr wichtig, dass ausreichend Alternativen geboten werden, damit jeder einen angemessenen Belastungsreiz erfährt.

Gleichgewichtsübungen fördern die neuromuskulären Funktionen und tragen damit entscheidend zur Gelenkstabilisation bei. Das Zusammenspiel von Nerven und Muskeln verbessert sich sowohl hinsichtlich der Qualität als auch der Schnelligkeit. Balancetraining gehört in jeden Unterricht und bietet die Grundlage für Leistungsfähigkeit und Bewegungssicherheit. Balancetraining ist Basistraining.

Die am einfachsten zu unterrichtenden Balanceübungen sind diejenigen, die auf einem Bein ausgeführt werden. Man braucht keine Geräte und kann sie sehr schnell auch zwischendurch einbauen. Aber der Einbeinstand ist nicht jedermanns Sache und kann für den einen zu einfach, für den anderen eine nicht zu lösende Aufgabe darstellen. Die folgenden Übungen geben Tipps und Anregungen zu Variationen der verschiedenen Schwierigkeitsstufen.

Zuvor noch einige Tipps zum Ausbalancieren. *Achtung*: Diese Tipps beruhen auf Erfahrung und haben keinen wissenschaftlichen Anspruch. Ich kann nur empfehlen: Probieren Sie es aus.

1) Mit den Augen einen festen Punkt fixieren. Am besten schaut man 5-6 m vor sich auf den Boden. Haben die Augen einen festen Halt, funktioniert das Gleichgewichtsorgan besser.

2) Während der Übung pressen Daumen und Zeigefinger einer jeden Hand fest gegeneinander. Die Spannung in den Händen und Armen überträgt sich auf den ganzen Körper.

3) Daumen und Zeigefinger drücken die Ohrläppchen. Diese Übung gibt ebenfalls Halt und sieht außerdem witzig aus.

4) Positiv denken. Wenn ein Teilnehmer meint, Balanceübungen seien nichts für ihn und das könne er sowieso nicht, dann wird er wahrscheinlich Recht behalten! Ein fester Wille und etwas Konzentration wirken hingegen Wunder.

EINBEINSTAND				
Geräte:				
Keine.				
Ausgangsstellung:				
Auf einem Bein stehen und die sichere Balance finden. Das Standbein ist leicht gebeugt, das freie Bein sollte ausgleichend mit bewegt werden können.				
Basisübung	Leichtere Alternative	Schwerere Alternative	Schwerere Alternative	Schwerere Alternative
	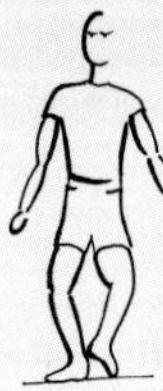		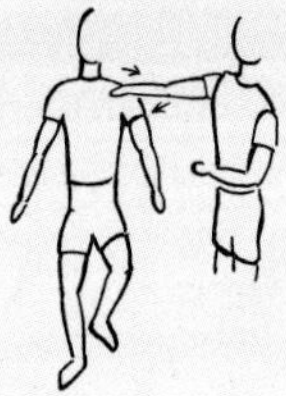	
Die Augen schließen. Zu Beginn ist eine Dauer von fünf Sekunden oder weniger zu empfehlen.	Das unbelastete Bein berührt mit der Zehenspitze leicht den Boden und mit der Ferse den Knöchel des Standbeins.	Mit offenen oder geschlossenen Augen werden einbeinig Gewichtsverlagerungen in alle Richtungen ausgeführt.	Partnerübung: Ein Partner steht auf einem Bein und wird von dem anderen durch Antippen aus der Balance gebracht. Der „Einbeinige" muss mit offenen oder geschlossenen Augen verschiedenen Druck aus unterschiedlichen Richtungen ausgleichen.	Im Einbeinstand auf Zehenspitzen stehen. (Wenn jemand dabei auch noch die Augen schließen kann und sicher stehen bleibt, gebe ich einen aus!)

BALANCE MIT DEM POWERBALL

Geräte:

Ein großer Ball, Größe: etwa ø 65 cm.

Ausgangsstellung:

Gerade auf dem Ball sitzen. Dabei stehen die Füße etwas mehr als hüftbreit sicher am Boden. Die Arme befinden sich in lockerer Seithalte. Die optimale Größe des Balls ist dann gewählt, wenn das Becken höher als das Knie ist und die Unterschenkel senkrecht zum Boden stehen (oder anders ausgedrückt: wenn der Kniewinkel größer als 90° ist).

Basisübung	Leichtere Alternative	Schwerere Alternative	Schwerere Alternative	Schwerere Alternative
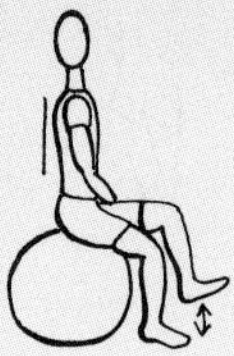	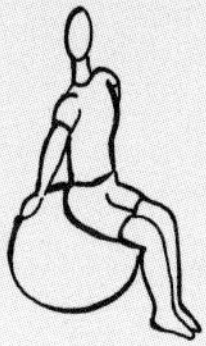	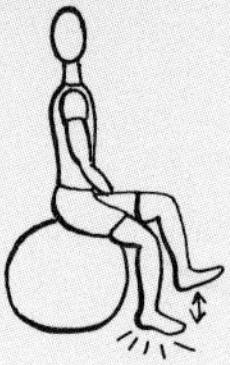	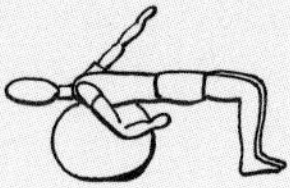	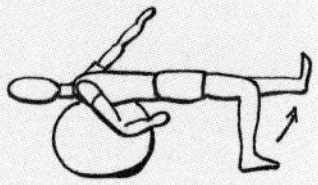
Im Wechsel wird nun kurz ein Bein vom Boden abgehoben, ohne dass der Rücken seine gerade Position verlässt.	Beide Füße bleiben am Boden und die Hände stützen seitlich hinter dem Körper auf dem Ball ab.	Die Beine werden im Wechsel vom Boden abgehoben, wobei die Intervalle länger werden. Das jeweilige Standbein berührt nur mit der Zehenspitze oder dem Ballen den Boden.	Der Oberkörper liegt mit der Lendenwirbelsäule oder mit den Schulterblättern auf dem Ball. Beide Füße sind hüftbreit und weiter vom Ball entfernt, sodass der Kniewinkel 90° beträgt. Durch eine feste Rumpfspannung wird ausbalanciert. Die Arme können zur Sicherheit am Ball abstützen.	Der Übende liegt, wie bei der vorhergehenden Übung, auf dem Ball. Als Steigerung wird langsam ein Bein vom Boden gelöst. Die Arme stützen dabei auf dem Ball ab oder werden seitlich frei gehalten.

Balanceübung 3

BALANCE MIT WACELIGER UNTERLAGE				
Geräte: Ein Aero-Step von B.CO oder eine andere weiche Unterlage, z.B. eine fest aufgerollte Matte.				
Ausgangsstellung: Mit beiden Füßen auf dem Aero-Step stehen. Das Körpergewicht ist gleichmäßig auf die Fußsohlen verteilt, die Beine sind leicht gebeugt, die Körperhaltung ist aufrecht, der Blick ist geradeaus gerichtet.				
Basisübung	Leichtere Alternative	Schwerere Alternative	Schwerere Alternative	Schwerere Alternative
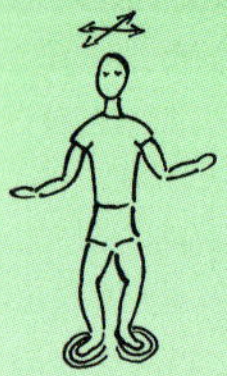	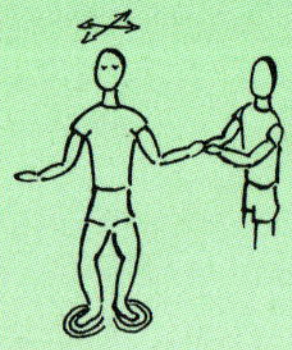			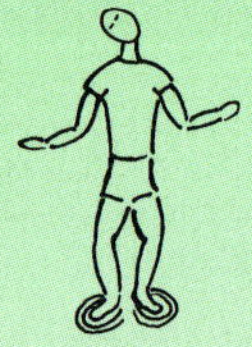
Durch vorsichtige Gewichtsverlagerung in alle Richtungen bringt sich der Übende selbst aus dem Gleichgewicht.	Der Übende findet durch einen Partner Halt.	Kniebeugen bis 90°. Die gleichmäßige Gewichtsverteilung auf den Fußsohlen bleibt bestehen.	Der Oberkörper wird langsam nach unten abgerollt, bis die Hände die Füße berühren. Auch beim Aufrollen wird eine gleichmäßige Gewichtsverteilung gehalten.	Im aufrechten Stand werden die Augen geschlossen und der Kopf zur Seite gedreht oder zur Seite und nach oben und unten geneigt.

Neuromuskuläres Training mit dem Aero-Step von B.CO

Balanceübung 4

VIERFÜSSLERSTAND				
Geräte:				
Eine Matte.				
Ausgangsstellung:				
Im Vierfüßlerstand sind die Hände etwa schulterbreit und die Knie etwa hüftbreit auf dem Boden aufgesetzt. Die Rückenhaltung ist gerade, d.h., die gesamte Wirbelsäule (also auch die Halswirbelsäule) wird in ihrer natürlichen Position gehalten. Der Blick ist zum Boden gerichtet, die Finger zeigen leicht nach innen und die Ellbogen sind leicht gebeugt.				
Basisübung	Leichtere Alternative	Schwerere Alternative	Schwerere Alternative	Schwerere Alternative
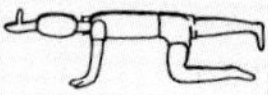	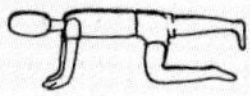	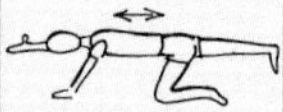		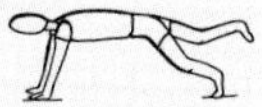
Diagonalwaage: Ohne dass der Oberkörper seine Position verlässt, wird das rechte Bein nach hinten und der linke Arm nach vorne gestreckt. Die Zehenspitze zeigt dabei nach unten, der Daumen nach oben. Der Arm, der Rücken und das Bein bilden eine gerade Linie.	Beide Hände bleiben am Boden. Ein Bein wird nach hinten gestreckt.	Gewichtsverlagerungen in der Diagonalwaage nach vorn, hinten und zur Seite. Die gerade Linie und die gerade Rückenhaltung wird dabei nicht verlassen.	Ein Partner bringt den Übenden durch Druck in verschiedene Richtungen auf Hände, Knie, Füße, Schultern und Becken aus dem Gleichgewicht. Hier kann auch der Überraschungsmoment genutzt werden.	Im Vierfüßlerstand werden die Knie vom Boden abgehoben, sodass nur noch die Zehen aufgesetzt sind. Je nach Fitnessniveau kann jetzt im Wechsel ein Arm oder ein Bein angehoben werden.

4.2 Koordinations- und Reaktionstraining

Koordination umfasst einen großen Bereich: Fingerübungen, Geschicklichkeit, Werfen und Fangen, Gewandtheit sowie auch Balance und Reaktionsfähigkeit.

Komplexe Anforderungen und gekoppelte Tätigkeiten sollten im Unterricht immer wieder aufgegriffen werden, da diese die Sicherheit von Bewegungen und das intramuskuläre wie auch das intermuskuläre Zusammenspiel fördern. Eine gute Koordinationsfähigkeit bewirkt z.B. ein sicheres Fangen von Bällen, ein gelenkschonendes Step-Aerobic-Training das schnelle Reagieren bei einem Sturz. So trägt eine gute Koordination auch zur Vermeidung von Verletzungen bei. Trainingseffekte des koordinativen Trainings sind bereits nach wenigen Einheiten spürbar und schaffen daher schnell Erfolgserlebnisse.

Auf den folgenden Seiten werden Übungen vorgestellt, die den Teilnehmern Spaß machen, jedoch immer wieder eine neue Herausforderung darstellen. Wenn man die Übungen so auswählt, dass man sie mit mehr oder weniger Mühe schaffen kann, herrscht in dieser Phase der Stunde eine besonders ausgelassene Stimmung.

Übrigens kann man einige Übungen nicht nur beim Sport, sondern auch in gemütlicher Runde beim Kaffeetrinken einbringen.
Viel Spaß!

Koordinationsübung 1

WINDMÜHLE

Ziel:
Schulterbeweglichkeit, Beweglichkeit der Wirbelsäule, Ganzkörperkoordination.

Geräte:
Keine.

Beschreibung:
Der rechte Arm kreist neben dem Körper vorwärts, der linke Arm kreist entgegengesetzt rückwärts. Dabei kann der Oberkörper nicht fest stabilisiert sein, sondern unterstützt die Bewegung rotierend.

Tipp:
Einfacher ist es, wenn zunächst die Arme gegengleich vor- und rückpendeln und langsam die Höhe gesteigert wird.

Koordinationsübung 2

DAUMEN REIN – DAUMEN RAUS

Ziel:
Fingergeschicklichkeit.

Geräte:
Keine.

Beschreibung:
Beide Fäuste werden nach vorn gestreckt. Bei der einen Hand zeigt der Daumen nach oben, bei der anderen Hand umschließen die Finger den Daumen. Die Daumenpositionen werden nun gewechselt. Wer schafft es am schnellsten?

Tipp:
Als Variation können die Positionen der Arme und Hände verändert werden, z.B. die Handrücken nach oben drehen oder die Arme kreuzen.

Koordinationsübung 3

FINGERTIPP

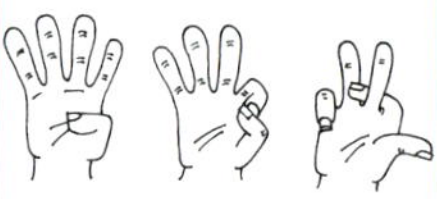

Ziel:
Fingergeschicklichkeit.

Geräte:
Keine.

Beschreibung:
Der Daumen berührt der Reihe nach die Fingerkuppen. Also erst den Daumen an den Zeigefinger, dann an den Mittelfinger, dann an den Ringfinger und an den kleinen Finger, danach geht es den Weg wieder zurück über Ringfinger, Mittelfinger und Zeigefinger. Diese Übung wird zunächst mit beiden Händen gleichzeitig durchgeführt, welches im Allgemeinen als einfach eingestuft wird.

Jetzt kommt aber der Clou: Der Daumen der rechten Hand beginnt beim Zeigefinger, der Daumen der linken Hand beginnt beim kleinen Finger.

Tipp:
Versuchen Sie, die Übung mit gekreuzten Unterarmen oder mit geschlossenen Augen auszuführen.

*Cartoon nach Daniel Koch.

Koordinationsübung 4

ELEFANT

Ziel:
Arm- und Handkoordination, „Überkreuzdenken".

Geräte:
Keine.

Beschreibung:
Im Sitzen oder im Stehen klatschen die Hände einmal auf die Oberschenkel, danach fasst die rechte Hand an das linke Ohr und gleichzeitig die linke Hand an die Nase. Nach dem wiederholten Klatschen auf die Oberschenkel fasst nun die linke Hand an das rechte Ohr und die rechte Hand an die Nase.

Tipp:
Wenn die ganze Gruppe gleichzeitig das Tempo steigert, macht es am meisten Spaß.

Koordinationsübung 5

UPS!

Ziel:
Reaktionsfähigkeit, Schnelligkeit, Hand-Auge-Koordination.

Geräte:
Ein kleiner Ball und ein Jongliertuch.

Beschreibung:
Der Ball wird in die rechte, das Tuch in die linke Hand genommen. Gleichzeitig wird nun der Ball einmal auf den Boden geprellt und das Tuch in die Luft geworfen. Beides wird gleichzeitig wieder aufgefangen. Wenn man das gut beherrscht, wird der Ball in die linke und das Tuch in die rechte Hand genommen.

Tipp:
Wenn man die meiste Aufmerksamkeit auf den Ball legt, denn der ist ja viel schneller, ist diese Übung relativ leicht. Aber dieser Trick wird nicht verraten!

Koordinationsübung 6

WERFEN UND FANGEN MIT STEP-AEROBIC

Ziel:

Hand-Auge-Koordination, Abstimmen mit dem Partner, Reaktionsfähigkeit.

Geräte:

Zwei Steps, ein Ball.

Beschreibung:

Zwei Partner stellen sich jeweils vor einem Step gegenüber auf. Der Abstand beträgt zu Anfang etwa 2-3 m. Die Übenden steigen gleichzeitig auf den Step hinauf und herunter, dafür eignen sich am besten Basic Step oder Knee Lift. Im Takt einer Musik oder immer, wenn sich die Übenden auf dem Step befinden, wird sich ein Ball zugeworfen. Die Bewegungen der Beine sollte dabei so flüssig wie möglich sein.

Tipp:

Wie wäre es, wenn zwei Bälle ins Spiel kommen oder wenn die zugeworfenen Materialien sich ändern? Zusammengeknülltes Zeitungspapier oder Ringe oder sogar Keulen erhöhen die Schwierigkeit.

Koordinationsübung 7

TEAMWORK

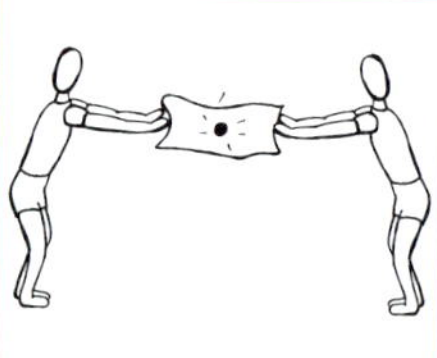

Ziel:

Hand-Auge-Koordination, Abstimmen mit dem Partner, Reaktionsfähigkeit.

Geräte:

Ein kleines Handtuch (auch Geschirrhandtuch oder Jongliertuch), ein kleiner Ball.

Beschreibung:

Das Handtuch wird von zwei Personen an den Ecken straff gehalten. In das Tuch wird ein Ball gelegt. Die Aufgabe besteht darin, den Ball nun am Rand des Tuchs entlangrollen zu lassen, ohne dass er herunterfällt.

Tipp:

Eine spannende Variation besteht darin, dass der Ball mithilfe des Tuchs hochgeworfen und sanft wieder aufgefangen wird. Witziger wird es noch, wenn zwei Paare nebeneinander stehen und sich die Bälle zuwerfen.

4.3 Krafttraining

Krafttraining ist ein wichtiger Bestandteil einer Fit-ab-50-Stunde. Statische, stabilisierende Übungen sind dabei genauso wichtig wie dynamische Bewegungen. Damit auch das neuromuskuläre Zusammenspiel verbessert wird, empfehle ich, so weit wie möglich, die Übungen im Stand auszuführen. Voraussetzung dafür ist allerdings, dass alle Teilnehmer über genügend Körpergefühl und Fitness verfügen, um die gerade Körperhaltung einhalten zu können. Befinden sich unter den Teilnehmern viele Anfänger, können einige Übungen mit größerer Unterstützungsfläche (beispielsweise im Sitzen auf einem Stuhl) durchgeführt werden. Das Ziel sollte aber darin bestehen, die Übungen im Stand auszuführen. Dadurch können viele verschiedene Faktoren der Fitness gleichzeitig angesprochen werden.

Ein Schwerpunkt des Krafttrainings sollte auf die *Beinkraft* gelegt werden. Denn nur, wer sicher steht, fühlt sich fit und leistungsfähig. Eine Unsicherheit beim Stehen oder Gehen wirkt sich negativ auf die Lebensqualität und auf das Sich-Jungfühlen aus. Statistisch gibt es einen Zusammenhang zwischen mangelnder Beinkraft und Sturzgefahr.

Die Trainingsbelastung sollte für Fit-ab-50-Teilnehmer wie auch für andere bei mindestens 60% der maximalen Leistungsfähigkeit liegen. Um eine hohe Effektivität zu erreichen, sollte jedoch eine noch höhere Belastung angestrebt werden. Das heißt in der Praxis, dass die Belastungen als schwer empfunden werden können. Kann man von jeder Übung etwa nur bis 20 Wiederholungen (grober Richtwert) schaffen, ist die Belastung richtig gewählt. Unterrichtet man Anfänger oder verfolgt das Ziel des Kraftausdauertrainings, so liegt die Anzahl der Wiederholungen höher und die Widerstandsbelastung niedriger.

Noch ein Wort zum Schnelligkeitstraining: Einige Untersuchungen gehen davon aus, dass mit zunehmendem Alter mehr und mehr Muskelfasern absterben. Dabei gehen die langsam zuckenden Muskelfasern (ST-Fasern) eher weniger zugrunde als die schnell zuckenden Muskelfasern (FT-Fasern). Letztere sind für schnelle, kurze Bewegungsabläufe zuständig.

Da diese Art der Bewegung mit zunehmendem Alter immer weniger praktiziert wird, stellt sich die Frage, warum es zum Rückgang der FT-Fasern kommt. Sterben die schnellen Muskelfasern ab, weil sie nicht mehr gebraucht werden oder werden Bewegungsabläufe langsamer, weil die entsprechenden Muskelfasern nicht mehr vorhanden sind?

An dieser Stelle muss noch mehr geforscht werden. Wie dem auch sei, letztendlich gibt eine wichtige Konsequenz: *Schnelligkeitstraining*. Gelenkschonendes, schnelles Training kann in die verschiedenen Bereiche einfließen, in das Balance- und Koordinationstraining genauso wie in das Kraft- oder Ausdauertraining. Gelenkschonende und sichere Übungen sind Voraussetzung für ein effektives Schnelligkeitstraining. In den verschiedenen Kapiteln, u.a. zum Ausdauertraining und zum Koordinations- und Reaktionstraining, findet man praktische Beispiele dazu.

Die hier dargestellten Kraftübungen erheben den Anspruch der hohen Effektivität und beinhalten deshalb auch weitere Ziele, wie die Verbesserung der Koordination, der Schnelligkeit oder der Balance. Beachten Sie beim Unterrichten, dass es für viele Übungen Alternativen gibt, die Sie individuell für die Teilnehmer anbieten können.

Viele der Übungen sind keine spezifischen Übungen für über 50-Jährige. Sie sind jedoch gerade bei dieser Altersgruppe sehr beliebt, da die Gelenkbelastung sehr gering ist und einige Übungen außerdem kommunikative Aspekte bieten.

Kräftigungstraining mit dem Exertube für einen starken Rücken

STEHAUFMÄNNCHEN UND -FRAUCHEN

Ziel:

Kräftigung der Oberschenkel- und Gesäßmuskulatur.
Erlernen von Bewegungsabläufen, die ein sicheres und gelenkschonendes Hinlegen und Aufstehen gewährleisten.
Training der Beweglichkeit und Geschicklichkeit.

Geräte:

Eine Matte.

Ausgangsposition:

Die Teilnehmer stehen vor einer quer liegenden Matte.

Basisübung	Leichtere Alternative	Schwerere Alternative
	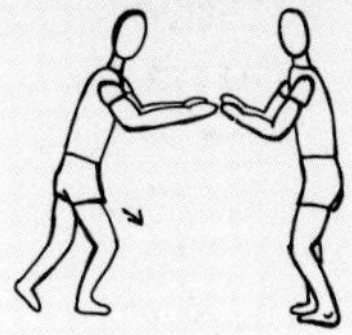	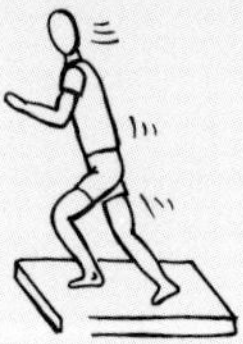
Der Bewegungsablauf beginnt mit einem großen Ausfallschritt über die Matte. Im Folgenden wird das hintere Knie auf dem Boden aufgesetzt. Die Hände können dabei auf dem vorderen Oberschenkel abstützen. Gleichzeitig oder nacheinander werden die Hände auf den Boden aufgesetzt und das vordere Bein zum Vierfüßlerstand nach hinten geführt. Ein seitliches Absetzen und ein durch die Arme abgestütztes seitliches Abrollen unterstützt das Hinlegen auf den Rücken in einer wirbelsäulenschonenden Haltung. Das Aufstehen erfolgt in umgekehrter Reihenfolge und sollte mehrmals nacheinander durchgeführt werden.	Wenn einige Teilnehmer sich nur mit Mühe alleine auf den Boden legen können, sollten sie Unterstützung durch einen Partner oder einen Stuhl finden. Ein Kräftigungstraining der Oberschenkelmuskulatur, etwa durch leichte Squats und ein Mobilisationstraining zur Steigerung der Gelenkbeweglichkeit, bildet im Vorfeld die Basis für diese Übung.	Beherrschen die Teilnehmer den Bewegungsablauf der Basisübung, sollte sie mit gesteigertem Tempo durchgeführt werden. Das festigt die Automatisierung der Bewegung und steigert die Beweglichkeit wie auch die Schnelligkeit. Denn nur ein Bewegungsablauf, der in einer normalen oder schnelleren Geschwindigkeit ausgeführt werden kann, ist auch alltagsrelevant.

KOMBINIERTES BEINTRAINING

Ziel:

Kräftigung der Beinmuskulatur. Die ersten beiden beschriebenen Übungen kräftigen in erster Linie die Oberschenkel- und Gesäßmuskulatur. Die dritte Übung trainiert zudem die Adduktoren, die vierte Alternative trainiert darüber hinaus die Waden und die Hüftbeugemuskulatur. Alle Übungen sprechen auch die Balance an.

Geräte:

Keine.

Ausgangsposition:

Im aufrechten Stand werden die Füße mehr als hüftbreit (leichte Grätsche) auseinander aufgesetzt. Die Füße zeigen leicht nach außen, die Knie sind leicht gebeugt, der Oberkörper ist aufrecht.

Basisübung	Leichtere Alternative	Schwerere Alternative	Schwerere Alternative
		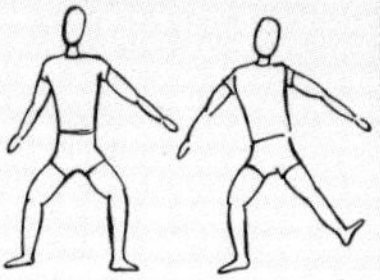	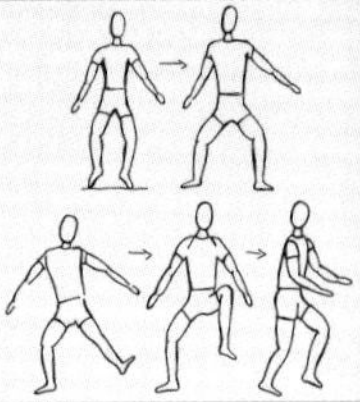
Squat: Der Bewegungsablauf beinhaltet eine Kniebeuge, bei der das Körpergewicht vermehrt auf den Fersen lastet. Während des Bewegungsablaufs wird das Gesäß nach hinten geführt. Die Knie beugen bis 90°, behalten aber ihre Position und werden nicht nach vorn geschoben. Der Oberkörper kann dabei leicht nach vorn verlagert werden.	Squat mit Unterstützung: Die Bewegung wird weniger tief ausgeführt. Mithilfe eines Partners oder mit Festhalten (z.B. an einer Wand) ist es leichter, das Gleichgewicht zu halten.	Nach Ausführung eines Squats wird das Körpergewicht auf ein Bein verlagert. Das freie Bein wird kraftvoll zur Seite geführt und – wieder abgesetzt. Nach einem weiteren Squat wird das andere Bein seitlich angehoben. Der Oberkörper ist während des gesamten Bewegungsablaufs aufrecht. Durch den Einbeinstand wird hier außerdem die Balance trainiert.	Kräftigung mit Koordination und Balance: Zunächst gehen die Übenden in den Zehenstand und wieder zurück. Es folgt ein Squat mit anschließendem Seitheben eines Beins (siehe nebenstehende Alternative). Das freie Bein wird anschließend gebeugt zum Knee Lift nach vorn gehoben und dann zum Ausfallschritt nach vorn (Lunge) aufgesetzt. Die Bewegung endet mit der Ausgangsposition.

Kraftübung 3

FITNESSNETZ

Ziel:

Kräftigung der oberen Rückenmuskulatur und der hinteren Schultermuskulatur.
Die gesamte Rumpfmuskulatur unterstützt durch statische Haltearbeit.
Rhythmisierung der Bewegung durch das Training im Team.

Geräte:

Jeder Teilnehmer braucht ein Exertube oder ein Theraband.

Ausgangsposition:

Die Teilnehmer stehen im Kreis und schlingen ihre Exertubes umeinander. In der Mitte entsteht ein Knoten (der leicht wieder zu lösen ist). Die Teilnehmer stehen so weit voneinander entfernt, dass die Exertubes leicht gespannt sind.
Die Körpergrundspannung sieht folgendermaßen aus: Die Beine stehen hüftbreit, die Knie sind leicht gebeugt, die Rückenhaltung ist gerade, die Schulterblätter sind leicht nach hinten unten gezogen. Die Arme sind gestreckt, wobei sie so gedreht sind, dass die Handrücken nach unten zeigen.

Basisübung	Leichtere Alternative	Schwerere Alternative	Schwerere Alternative
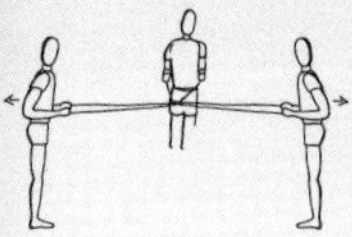	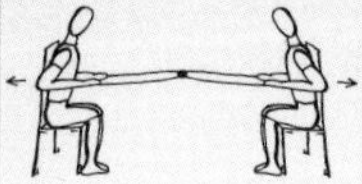	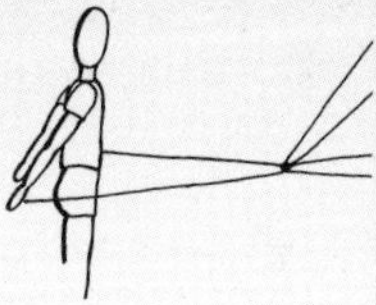	
Die Übenden führen die Ellbogen eng am Körper nach hinten und ziehen dabei das Exertube auseinander. Während der Übung wird eine starke Körperspannung gehalten, sodass keine Ausweichbewegung stattfinden kann.	Die Übenden schlingen zu zweit die Exertubes umeinander und sitzen sich auf Stühlen gegenüber. Während die gleiche Bewegung wie bei der Basisübung ausgeführt wird, ist es leichter, die Körperspannung zu halten und sich auf die Ausführung der Übung zu konzentrieren.	Die Übenden führen die Arme gestreckt nach hinten unten. Dabei muss verstärkt darauf geachtet werden, dass der Oberkörper aufrecht gehalten wird und die Schulterblätter ihre nach hinten gezogene Position beibehalten. Es ist ratsam, dass alle Teilnehmer die Grundspannung des Exertubes reduzieren.	Während darauf geachtet wird, dass die Körperspannung beibehalten wird, werden die Arme gleichzeitig oder im Wechsel in verschiedene Richtungen gezogen. Die schwierigste Variante ist das Führen der Arme nach hinten oben.

TÜCHERTRAINING

Ziel:

Rumpfstabilisation.
Kräftigung der Arm- und Brustmuskulatur.

Geräte:

Bei Parkett- oder Turnhallenboden benötigt jeder Teilnehmer zwei Papiertaschentücher, bei Teppichboden bitte zwei Klarsichtfolien benutzen.

Ausgangsposition:

Die Grundposition ist der Vierfüßlerstand, wobei sich unter den Händen die Taschentücher (bzw. die Folien) befinden. Die Knie setzen etwa hüftbreit, die Hände schulterbreit auf dem Boden auf. Die Rückenhaltung ist gerade, d.h., die gesamte Wirbelsäule (also auch die Halswirbelsäule) wird in ihrer natürlichen Position gehalten. Der Blick ist zum Boden gerichtet, die Finger zeigen leicht nach innen und die Ellbogen sind leicht gebeugt.

Basisübung	Leichtere Alternative	Schwerere Alternative	Schwerere Alternative
		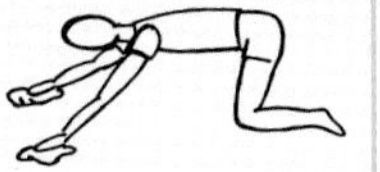	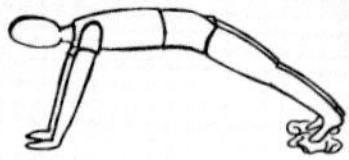
Die Tücher bieten eine rutschige Unterlage. Daher werden die Hände am Boden weit nach außen und nach innen geschoben. Besonders beim Nachinnenziehen sollte zum intensivieren Üben Druck auf den Boden ausgeübt werden. Die Ellbogen bleiben während der Übung leicht gebeugt.	Die Übenden führen nur einen Arm nach außen und innen. Der abstützende Arm unterstützt dabei die Haltearbeit der Rumpfmuskulatur. Während der Bewegung wird mit dem übenden Arm Druck auf den Boden ausgeübt.	Die Arme werden am Boden entlang V-förmig oder gerade nach vorne geführt. Dabei sollte noch mehr darauf geachtet werden, dass der Rücken seine gerade Position behält und die Arme leicht gebeugt bleiben. Je weiter die Hände nach vorn geschoben werden, desto intensiver ist die Bewegung. Der Druck auf den Boden wird während der gesamten Übung beibehalten.	Bei dieser Variante muss gewährleistet sein, dass die Teilnehmer über eine sehr gute Rumpfspannung verfügen. Die Tücher befinden sich unter den Füßen. Die Knie werden vom Boden abgehoben und die Füße werden im Wechsel oder gleichzeitig nach hinten geschoben. Die Bewegung wird ohne Schwung, aber mit viel Körperspannung durchgeführt.

4.4 Aerobic und Ausdauertraining

Der Begriff *Aerobic* ist manchmal etwas negativ belastet. Viele Leute denken dabei an komplizierte Schrittfolgen oder auf der Stelle hüpfende, superschlanke Frauen in engen Anzügen. Aerobic hat sich aber in letzter Zeit sehr ins Positive entwickelt und bedeutet heute immer mehr: effektives und variables Ausdauertraining nach Musik mit gelenkschonenden Bewegungen für jedermann.

Aerobic ist sehr vielfältig. Daher kann es auch sehr individuell unterrichtet werden. – Und Hüpfen und Laufen braucht man gar nicht, um seine Ausdauer zu trainieren. Die folgenden Choreografien beinhalten daher auch Schritte aus dem Lowimpact, die zudem einfach nachzuvollziehen sind. Durch häufige Wiederholungen der einzelnen Abschnitte kann der Schwerpunkt ganz auf den Spaß und auf das Training gelegt werden.

Wenn Sie, lieber Leser, den Eindruck haben, einige Choreografien sind etwas verrückt, so haben Sie Recht. Aber es ist gerade die etwas andere Art, die die Stunde zum Erfolg bringt. Seien Sie Sie selbst und verkaufen Sie die Choreografien mit Spaß und Motivation. Sie werden sehen, dass Sie noch viel verrücktere Sachen machen können. Wenn Ihre Teilnehmer gar nicht bewusst merken, dass sie trainieren, ist Ihr Ziel erreicht.

Noch ein paar Hintergrundinformationen zum Ausdauertraining. Über den optimalen Trainingspuls haben sich schon etliche Leute die Finger wund geschrieben und geforscht. Derzeit existieren die verschiedensten Rechenbeispiele oder Faustregeln zur geeigneten Herzfrequenz beim Training. Dabei ist es interessant zu beobachten, dass, je neuer die Forschungen sind, desto höher und variabler ist die Trainingszone.

In letzter Konsequenz kann man daraus schließen, dass man als Teilnehmer stark in sich hineinhorchen sollte, wie die Belastung empfunden wird. Mittlere Belastungsintensitäten und das Gefühl, dass die aktuelle Höhe der Belastung gar nicht als solche empfunden wird, kann als wichtige Richtlinie gelten. Kann man während der Ausdauerbelastung noch sprechen oder fühlt sie sich mittelschwer an, so kann der Trainer davon ausgehen, dass der Teilnehmer in der richtigen Zone trainiert.

Möchte der Trainer trotz allem eine objektive Messung durchführen, so empfehle ich, einen Herzfrequenzmesser mit Brustgurt zu tragen. Eigene Messungen am Handgelenk oder an der Halsschlagader führen meist zu Irritationen durch falsches Zählen oder Rechnen. Praktikable Richtwerte kann beispielsweise ein Herzfrequenzmesser von POLAR mit OwnZone-Funktion geben.

bpm: 130
Dauer: 3:49 min

Nick Straker Band: „A Walk in the Park"

Dieses Lied eignet sich sehr gut zum Aufwärmen. Es macht gute Laune und motiviert zum Bewegen. Da es einige Breaks im Musikstück gibt, ist es oft nicht so einfach, immer genau auf der Musik zu sein. Hier sollte man es nicht so eng nehmen. Wenn man das Thema dieses Liedes aufnimmt, gibt das dem Warm-up eine besondere Note.

Betrachtet man die Ziele eines Warm-ups, so sollten hier, neben den die Herzfrequenz steigernden Bewegungen, die Mobilisationsübungen, nicht zu kurz kommen. Hinsichtlich der Ausführung dieser Übungen für die Schultern sollte der Trainer deutliche Anweisungen zur Technik geben, da die Kombination aus Beinbewegungen und Schulterkreisen manchmal koordinativ nicht leicht auszuführen ist.

BEWERTUNG DER MOTORISCHEN UND KOORDINATIVEN BEANSPRUCHUNG						
Ausdauer	Kraft	Beweglichkeit	Koordination	Balance	Schnelligkeit	Intensität
***	*	**	**	*	*	**

CHOREOGRAFIE				
Abschnitt	**Struktur**	**Beats**	**Bewegung**	**Armbewegung**
1	**Intro:** instrumental	32 + 16	March am Platz.	Großes, langsames Armkreisen, verbunden mit Atmung.
2	**Break:**	4		
3	**1. Strophe:** „Walk in the park."	2 x 32	March am Platz.	Schulterkreisen rückwärts.
4	**Refrain:** „A walk in the park, a step in the dark ..."	32 + 16	Vier Schritte vor, vier am Platz, vier zurück, vier am Platz. Dieses noch 2 x wiederholen.	
5	**2. Strophe:** „Walk in the park."	2 x 32	Acht Heel Digs, acht Push Touches, acht Heel Digs, acht Push Touches.	Die Arme schwingen nach vorn.
6	**Refrain:**	32 + 16	Abschnitt 4 1 x wiederholen.	
7	**Brücke:** instrumental	32	16 Step Touches, acht Double Step Touches.	Die Arme schwingen in die Bewegungsrichtung mit.
8	**Refrain:**	4 x 32	Vier Schritte diagonal nach rechts, vier am Platz, vier diagonal zurück, vier am Platz, vier Schritte diagonal nach links, vier am Platz, vier diagonal zurück, vier am Platz. Dieses noch 3 x wiederholen.	Die Arme unterstützen die Bewegung.

bpm: 116
Dauer: 2:52 min

B. J. Thomas: „Raindrops Keep Falling on My Head"

Dieses Lied eignet sich besonders für gezielte Mobilisationsübungen beim Aufwärmen oder am Ende einer Stunde. Durch die langsame und gefühlvolle Melodie wird man zu entsprechend langsamen, aber intensiven Bewegungen animiert. An dieser Stelle kann man sehr gut große Bewegungsradien unterrichten, sprich: große Armkreise rückwärts oder vorsichtige Oberkörperrotationen.

Denn: Beweglichkeit kann man nur durch Bewegung erhalten und steigern, deshalb sollten die Teilnehmer auch den größtmöglichen Bewegungsradius ausnutzen. Gezielte Konzentration nur auf die Arme oder nur auf Beinbewegungen hilft bei der korrekten technischen Ausführung.

„Raindrops Keep Falling on My Head" ist in der Struktur sehr unterschiedlich. Einen deutlichen großen Musikbogen sucht man vergeblich. Wenn man sich mehr an der Dynamik und an der Melodie orientiert, lässt sich mit diesem herrlichen Song aber gut arbeiten.

Achtung: Dieses Lied nur bei Regenwetter spielen.

BEWERTUNG DER MOTORISCHEN UND KOORDINATIVEN BEANSPRUCHUNG						
Ausdauer	Kraft	Beweglichkeit	Koordination	Balance	Schnelligkeit	Intensität
*	*	***	*	*	*	*

CHOREOGRAFIE				
Abschnitt	**Struktur**	**Beats**	**Bewegung**	**Armbewegung**
1	**Intro:** instrumental	8		
2	**1. Strophe:** „Raindrops keep falling ..."	2 x 36	Die Teilnehmer stehen mit leicht gegrätschten und leicht gebeugten Beinen.	Schulter- und Armkreisen rückwärts.
3	**2. Strophe:** „But there´s one thing ..."	32 x 8	Gewichtsverlagerung seitlich von einem Bein auf das andere.	Die Arme gehen nur locker mit.
4	**3. Strophe:** „Raindrops keep falling ..."	32 + 8 + 4	Der Oberkörper rotiert langsam nach rechts und links.	
5	**Brücke:** instrumental	32 x 8	Der Oberkörper wird in Vorbeuge gestreckt und gebeugt.	Die Hände stützen dabei das Gewicht auf den Oberschenkeln ab.
6	**4. Strophe:** „Raindrops keep falling ..."	32 + 8	Fußmobilisation: Die Füße kreisen, beugen und strecken im Wechsel.	
7	**Pause:**	8		
8	**Ausklang:**	32 x 8	Lockern der Gelenke, Muskeln ausschütteln.	

bpm: 120
Dauer: 3:35 min

Arrow: „Hot, Hot, Hot"

Dieses Lied ist nicht nur bei Fit-ab-50ern beliebt. Es erinnert an Urlaub und Sonne. Daher eignen sich auch lockere Armbewegungen mit einem kleinen Hauch von Latino.

Die Teilnehmer stehen im Kreis mit dem Blick zur Mitte. Der Trainer sollte vor Beginn noch einmal deutlich machen, in welche Richtungen die Bewegungen gehen. Gerade bei Choreografien im Kreis wird oft rechts und links verwechselt. Ansonsten sind die Schritte sehr einfach gehalten und werden oft wiederholt. Eine intensive Ausführung der Schritte ist daher eher möglich.

BEWERTUNG DER MOTORISCHEN UND KOORDINATIVEN BEANSPRUCHUNG						
Ausdauer	Kraft	Beweglichkeit	Koordination	Balance	Schnelligkeit	Intensität
***	*	*	*	*	*	**

CHOREOGRAFIE				
Abschnitt	**Struktur**	**Beats**	**Bewegung**	**Armbewegung**
1	**Intro:** instrumental	32	March am Platz, Einstimmen auf den Stil der Musik.	
2	**1. Strophe:** „Olé, olé ..."	16	Vier Step Touches rechtsherum, vier Step Touches linksherum.	Der rechte bzw. linke Arm geht in die Richtung mit.
3	**Refrain:** „Hot hot hot."	32	Abschnitt 2 2 x wiederholen.	
4	**Brücke:** instrumental	32	Vier Double Step Touches nach rechts und links.	Die Arme oder die Hüfte geht mit.
5	**Refrain:** „Hot hot hot."	2 x 32	Abschnitt 2 4 x wiederholen.	
6	**Brücke:** „rumbumm ..."	2 x 32	Drei Schritte – ein Tap vorwärts in den Kreis und wieder zurück. Dies noch 7 x wiederholen.	Die Hände klatschen auf Beat „4" und „8".
7	**Brücke:** instrumental	16	March am Platz.	
8	**Refrain:** „Hot hot hot."	2 x 32	Abschnitt 2 4 x wiederholen.	
9	**Brücke:** „rumbumm ..."	2 x 32	Abschnitt 6 1 x wiederholen.	
10	**Ausklang:**	32 + 16	Step Touches, lockeres Ausklingen.	Die Arme schwingen locker mit.

bpm: 108
Dauer: 3:45 min

David Hasselhoff: „Do the Limbo Dance"

Bevor Sie weiterlesen, möchte ich Sie warnen: Diese Choreografie ist wirklich eine der etwas anderen Art und könnte den Bogen überspannen. Wenn der Trainer nicht ganz dahinter steht, kann die Stimmung ins Negative kippen. Verkauft der Trainer jedoch die Choreografie richtig, dann ist der Partystimmung keine Grenze gesetzt.

Die Teilnehmer werden in zwei Gruppen aufgeteilt, die jedoch trotzdem nach vorn schauen. Die rechte Gruppe bekommt den Namen „Jamaica", die linke heißt „Holiday". Die einzelnen Gruppen bewegen sich teilweise im Wechsel, sozusagen im Dialog, und teilweise gleichzeitig. Man braucht daher eine etwas längere Vorbereitung.

Bei der Limbobewegung (den Oberkörper zurücklehnen und die Schultern leicht schütteln) muss unbedingt auf die höhere Wirbelsäulenbelastung hingewiesen werden. Diese Bewegung ist nicht unbedingt gesund, macht aber Spaß!

BEWERTUNG DER MOTORISCHEN UND KOORDINATIVEN BEANSPRUCHUNG						
Ausdauer	Kraft	Beweglichkeit	Koordination	Balance	Schnelligkeit	Intensität
**	*	*	***	*	*	**

CHOREOGRAFIE				
Abschnitt	**Struktur**	**Beats**	**Bewegung**	**Armbewegung**
1	**Intro 1:** leise „Limbo ..."	16	March am Platz.	
2	**Intro 2:** instrumental	16	March am Platz.	
3	**1. Strophe:** „Let's come to the holiday, let's go to Jamaica ..."	32	Gruppe „Holiday": Auf Beat „1-4" einen Basic Step, auf Beat „5-8" am Platz federn. Gruppe „Jamaica": Auf Beat „1-4" am Platz federn, auf Beat „5-8" einen Basic Step. Dies noch 3 x wiederholen.	Die Finger schnippen 4 x nach rechts und links. Die Hände winken 2 x nach rechts oben und 2 x nach links oben.
4	**Refrain:** „Limbo"	32	Vier Step Touches nach vorn, vier Step Touches am Platz, vier Step Touches zurück, vier Step Touches am Platz.	Der Oberkörper bewegt sich wie beim Limbo.
5	**Break:**	4		
6	**2. Strophe:** „You'll hear a limbo ..."	32	Abschnitt 3 1 x wiederholen.	
7	**Refrain:**	32	Abschnitt 4 1 x wiederholen.	
8	**Break 1:**	4 + 8	Marsch am Platz.	
9	**Brücke:** instrumental	32	Vier Double Step Touches nach rechts und links.	Trommelbewegungen.
10	**3. Strophe:**	32	Abschnitt 3 1 x wiederholen.	
11	**Refrain:**	4 x 32	Unter einem Seil Limbo tanzen (!).	

bpm: 114
Dauer: 3:37 min

Udo Jürgens: „Mit 66 Jahren"

Da die meisten Teilnehmer dieses Lied kennen, singen sie auch gern mit und sind mit Spaß dabei. Etwas Showtalent ist gefragt.

Am besten unterrichtet man diese Choreografie, wenn man die Gruppe schon etwas länger kennt. Die einzelnen Schritte müssen nicht lang vorbereitet werden, wohl aber die Richtungen. Der Tap Step könnte für einige Teilnehmer koordinativ anspruchsvoll sein, besonders, wenn der Trainer auf gegengleicher Armbewegung beharrt.

Zu Beginn der Choreografie stehen sich die Teilnehmer in zwei Gruppen jeweils in einer Reihe gegenüber.

BEWERTUNG DER MOTORISCHEN UND KOORDINATIVEN BEANSPRUCHUNG						
Ausdauer	Kraft	Beweglichkeit	Koordination	Balance	Schnelligkeit	Intensität
***	*	*	**	*	*	**

CHOREOGRAFIE				
Abschnitt	**Struktur**	**Beats**	**Bewegung**	**Armbewegung**
1	**Intro:** instrumental	23	March am Platz.	
2	**1. Strophe:** „Ihr werdet euch noch ..."	16	Die Reihen gehen mit acht Tap Steps aufeinander zu.	Schnippen.
3	„Oho"	4	Einen großen Schritt zur Seite. Dabei geht die eine Reihe nach rechts und die andere Reihe nach links, sodass beide optisch in die gleiche Richtung gehen.	In die Bewegungs-richtung schwingen.
4	„Oho"	4	Dies in die andere Richtung tung 1 x wiederholen.	In Bewegungsrichtung schwingen.
5	„Oho"	4	Noch 1 x in die andere Richtung wiederholen.	In Bewegungsrichtung schwingen.
6	instrumental	4	Federn am Platz.	
7	„Da föhn ich äußerst ..."	16	Die Reihen gehen mit acht Tap Steps rückwärts vonei-nander weg.	Schnippen.
8	„Oho"	16	Abschn. 3-6 1 x wiederholen.	
9	**Refrain:** „Mit 66 Jahren, da ..."	32	Stehen und mit einem Fuß tippen, dabei mit dem Kopf nicken.	Arme verschränken.
10	„Mit 66 ist noch lang ..."	8	Rückwärts gehen.	Auf Beat „8" Muskeln zeigen.
11	**2. Strophe:**	5 x 16	Abschn. 2-8 1 x wiederholen	
12	**Refrain:**	32 + 8	Abschn. 9-10 1 x wiederholen.	
13	**3. Strophe:**	5 x 16	Abschn. 2-8 1 x wiederholen.	
14	**Refrain:**	5 x 16	Abschn. 9-10 1 x wiederholen.	
15	**Ausklang:**	32	16 Taps am Platz.	Schnippen.

bpm: 125
Dauer: 3:43 min

16 Step: „Bob"

Diese Choreografie passt eher in die Kategorie Tanz. Sie ist angelehnt an den Volkstanz mit leichter Tendenz zum Squaredance. Wer in seinem Unterricht für viel Kommunikation zwischen den Teilnehmern sorgen möchte, liegt mit diesem Lied genau richtig. Es stellt hohe Anforderungen an die Orientierung im Raum und an die Konzentration auf rechts und links. Außerdem sollten alle Teilnehmer genau auf die Anweisungen des Trainers achten.

Die Teilnehmer stehen im Kreis neben einem Partner, von denen die rechte Person die „Dame", die linke Person den „Herrn" spielt. Im Laufe der Choreografie werden die Partner weitergereicht, sodass immer neue Kombinationen (und Verwirrungen) entstehen.

Im Allgemeinen sollte man eine komplette Unterrichtsstunde für diese Choreografie einplanen, da erfahrungsgemäß einige Teilnehmer immer wieder in die falsche Richtung gehen oder andere vor Lachen nicht weitermachen können. Dadurch, dass sehr oft Pannen passieren, wird es eine der lustigsten Stunden des Jahres werden. Der Weg ist das Ziel! Durch den hohen Spaßfaktor liegt hier ein besonders effektives Training für die Psyche und das Herz-Kreislauf-System vor.

Diese Choreografie stellt eine Herausforderung sowohl für die Teilnehmer als auch für den Trainer dar.

BEWERTUNG DER MOTORISCHEN UND KOORDINATIVEN BEANSPRUCHUNG						
Ausdauer	Kraft	Beweglichkeit	Koordination	Balance	Schnelligkeit	Intensität
***	*	*	***	*	*	**

CHOREOGRAFIE				
Abschnitt	**Struktur**	**Beats**	**Bewegung**	**Armbewegung**
1	**Intro:** instrumental	16	March am Platz, die Teilnehmer stehen mit dem Blick in den Kreis.	
2	**1. Strophe:** „Put on your ..."	2 x 32	Jeder für sich führt folgende Schritte aus: Schritt rechts vor, links Tap nach vorn, Schritt links rück, rechts Tap zurück. Dies wird noch 1 x wiederholt. Drei Schritte – ein Tap in den Kreis und wieder zurück. Alles wird noch 3 x wiederholt.	Die Arme bewegen sich locker mit. Klatsch auf Beat „4" und „8".
3	**Refrain:** „Bob"	32 + 28	Mit dem ersten Partner: Handtour rechts, mit dem zweiten Partner: Dosido links, mit diesem Partner Handtour links, mit dem dritten Partner Dosido rechts. Alles noch 1 x wiederholen.	
4	**Brücke:**	16	March am Platz.	
5	**2. Strophe:**	2 x 32	Abschn. 2 1 x wiederholen.	
6	**Refrain:**	2 x 32	Abschn. 3 1 x wiederholen.	
7	**3. Strophe:**	32	Abschn. 2 1 x wiederholen.	
8	**Refrain:**	4 x 32	Abschn. 3 1 x wiederholen.	

Nähere Erläuterungen zu dieser Choreografie

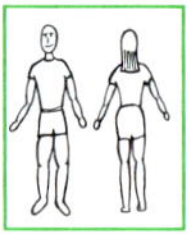

Refrain: Die exakte Startposition der Teilnehmer ist Folgende: Die Partner stehen nebeneinander und haben sich jeweils die rechte Schulter zugewandt. Im Kreis steht der „Herr" innen und die „Dame" außen.

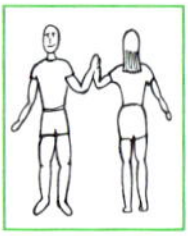

Handtour rechts: Die rechten Hände und Unterarme berühren sich. In dieser Haltung geht das Paar mit acht Schritten um sich selbst und endet wieder in der Startposition. Diejenige Person, der man gegenüber ins Gesicht schauen kann, ist der zweite Partner.

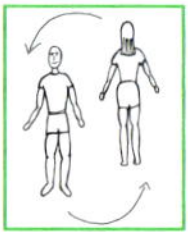

Dosido links: Mit dem zweiten Partner geht man mit acht Schritten, ohne sich zu berühren, umeinander, aber ohne dass man sich dreht. Dabei passiert man zunächst die linke Schulter des Partners, den Rücken des Partners und dann auf dem Rückweg die rechte Schulter des Partners. Am Ende steht man mit diesem Partner linke Schulter an linke Schulter und kann mit Handtour links beginnen.

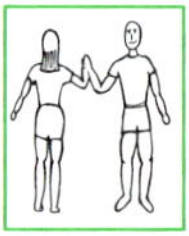

Handtour links: Siehe Handtour rechts, jedoch mit den linken Armen. Am Ende steht man dem dritten Partner gegenüber.

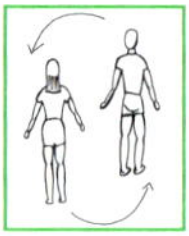

Dosido rechts: Mit dem dritten Partner wieder umeinander gehen. Zunächst passiert man die rechte Schulter des Partners, dann den Rücken und schließlich die linke Schulter. An dieser Stelle sollten alle wieder in der ursprünglichen Startposition stehen, sodass man mit Handtour rechts erneut beginnen kann.

Viel Spaß!

Ausdauerchoreografie 7

bpm: 188
Dauer: 2:31 min

Danny & The Juniors: „At the Hop"

Bei dieser Choreografie geht es um Schnelligkeit, insbesondere um schnelle Fuß- und Beinbewegungen. Die Schritte an sich sind sehr einfach, die schnelle Ausführung dagegen erfordert Konzentration und Koordination. Der Trainer sollte darauf achten, dass die Teilnehmer nicht die Luft anhalten, sondern trotz der Anstrengung gleichmäßig atmen.

BEWERTUNG DER MOTORISCHEN UND KOORDINATIVEN BEANSPRUCHUNG						
Ausdauer	Kraft	Beweglichkeit	Koordination	Balance	Schnelligkeit	Intensität
***	*	*	**	*	***	***

CHOREOGRAFIE				
Abschnitt	**Struktur**	**Beats**	**Bewegung**	**Armbewegung**
1	**Intro:** instrumental	32 + 8	March am Platz.	
2	**1. Strophe:** „You can rockin' ..."	32 + 16	March am Platz.	Die Arme unterstützen die Bewegung.
3	**Refrain:** „Let's go to the hop ..."	32 + 16	Kicks rechts und links zur Seite.	Die Arme kicken nach außen.
4	**2. Strophe:** „You can swingin' ..."	32 + 16	March am Platz.	Die Arme unterstützen die Bewegung.
5	**Refrain:**	32 + 16	Kicks rechts und links nach vorne.	Die Arme kicken nach vorn unten.
6	**Brücke:** instrumental	32 + 16	Marsch am Platz mit kräftigem Knieeinsatz.	Die Arme unterstützen die Bewegung.
7	**3. Strophe:** „You can rockin' ..."	32 + 16	March am Platz, die Füße etwas öffnen.	Die Arme unterstützen die Bewegung.
8	**4. Strophe:** „You can swingin' ..."	32 + 16	March am Platz.	Die Arme unterstützen die Bewegung.
9	**Refrain:**	32 + 16	Kicks rechts und links zur Seite.	Die Arme kicken nach außen.
10	**Ausklang:** „Ah ..."	32	March am Platz.	Die Arme unterstützen die Bewegung.

Obwohl dieses Lied relativ kurz ist, könnten einige Teilnehmer in den anaeroben Bereich kommen. Daher sollte auf alternative Bewegungen unbedingt hingewiesen werden. Benutzen Sie diese Choreografie nicht mit Anfängern. Zudem sollten Sie Ihre Gruppe gut kennen.

bpm: 138
Dauer: 5:05 min

Hooked on Classics: „Part 1+2"

Dieses Musikstück kann man schwer beschreiben, man muss es erleben. Durch die verschiedenen Instrumente und die unterschiedliche Dynamik der Musik ergibt sich in der Interpretation daraus die Bewegung. Wenn man genau auf die Akzente achtet und diese in Bewegung umsetzt, kann die Choreografie sehr intensiv sein.

Der Trainer sollte mit der Musik sehr vertraut sein und Spaß an der Musikinterpretation haben. Dann ergibt sich alles Weitere. Da es viele Breaks und Unregelmäßigkeiten gibt, stiftet eine Orientierung am großen Musikbogen nur Verwirrung. Lassen Sie die Musik auf sich wirken.

BEWERTUNG DER MOTORISCHEN UND KOORDINATIVEN BEANSPRUCHUNG						
Ausdauer	Kraft	Beweglichkeit	Koordination	Balance	Schnelligkeit	Intensität
***	*	*	**	*	*	***

CHOREOGRAFIE			
Abschnitt	**Beats**	**Bewegung**	**Armbewegung**
1	16	Marsch am Platz.	Die Arme schwingen zur Seite.
2	32 + 12	Step Touch.	Die Arme schwingen vor.
3	32 + 4+ 32	Double Step Touch.	Die Arme kreisen gleichzeitig in die Bewegungsrichtung.
4	32 + 12	Vier Schritte vor, vier am Platz, vier zurück, vier am Platz, noch 2 x wiederholen.	
5	15	Step Touch mit größerer Kniebeuge.	
6	32 + 8	Step Touches mit intensiver Hochtiefbetonung.	
7	32 + 12	Side to Side, intensiv und dynamisch.	Die Arme schwingen kraftvoll in Bewegungsrichtung mit.
8	32	Side to Side, locker.	Die Arme „fliegen".
9	24	Marsch am Platz.	
10	2 x 32	8 x Galopp nach rechts, 8 x Galopp nach links. Dies 3 x wiederholen.	Die Arme führen Reiterbewegungen aus.
11	32	Marsch am Platz.	Armkreise nach oben.
12	32 + 12	Vier Schritte vor, vier am Platz, vier zurück, vier am Platz, noch 2 x wiederholen.	
13	16	Step Touch.	Boxen nach vorn.
14	16	Side to Side sehr tief.	Die Arme schwingen unten.
15	32	Step Touch.	Schwebende. leichte Arme.
16	32	8 x Galopp nach rechts, 8 x Galopp nach links. Dies 1 x wiederholen.	Die Arme führen Reiterbewegungen aus.
17	32 + 16 + 8	Marsch am Platz. Galopp nach links. Dies 1 x wiederholen.	Die Arme interpretieren die Akzente wie ein Dirigent.

bpm: 128
Dauer: 2:53 min

The Swinging World Orchestra: „Lazy Promenade"

Dieses Lied erinnert an Tanzbälle und kann daher auch eher dem Tanzen zugeordnet werden. Es bietet die Möglichkeit, einen Mambo oder einen Cha-Cha-Cha zu erarbeiten, denn durch den Rhythmus geht es fast von selbst.

Die Teilnehmer stehen paarweise zusammen und führen teilweise die gleichen, teilweise gegenläufige Bewegungen aus. Werden die Schritte ohne Partner und ohne Richtungsänderungen unterrichtet, ist es einfach, den Schritten zu folgen, verwendet man aber alle in der Choreografie beschriebenen Besonderheiten, wird es anspruchsvoll.

Achtung, noch ein wichtiger Hinweis: Diese Art der Musik und der Choreografie ist bei Frauen sehr beliebt, Männer dagegen fühlen sich oft an das „Tanzenmüssen" erinnert. Mambo/Cha-Cha-Cha ist nicht gerade ein Lieblingsschritt der Männer!

BEWERTUNG DER MOTORISCHEN UND KOORDINATIVEN BEANSPRUCHUNG						
Ausdauer	Kraft	Beweglichkeit	Koordination	Balance	Schnelligkeit	Intensität
***	*	*	***	*	*	**

CHOREOGRAFIE			
Abschnitt	**Beats**	**Bewegung**	**Armbewegung**
1	2 x 32	Die Partner stehen nebeneinander und bewegen sich mit Mambo/Cha-Cha-Cha aufeinander zu und voneinander weg. D.h., der rechte Partner beginnt mit rechts und der andere mit links.	Die Arme schwingen locker mit.
2	2 x 32	Beide Partner gehen in dieselbe Richtung: drei Schritte – ein Tap vorwärts und rückwärts.	
3	2 x 32	Beide Partner stehen sich gegenüber und bewegen sich mit Mambo/Cha-Cha-Cha in die gleiche Richtung (räumlich gesehen, ist die Bewegungrichtung nach vorn und nach hinten). Wieder beginnt der rechte Partner mit rechts und der linke mit links.	
4	2 x 32	Abschnitt 2 1 x wiederholen.	
5	2 x 32	Abschnitt 1 1 x wiederholen.	
6	2 x 32	Wenn die Stimmung entsprechend ist: Mambo/Cha-Cha-Cha frei durch den Raum, sonst wie Abschnitt 2.	
7	2 x 32	Abschnitt 1 1 x wiederholen.	

bpm: 136
Dauer: 3:11 min

Tony Christie: „Amarillo"

Bei diesem Lied kommt immer Stimmung auf, weil es jeder kennt und alle mitsingen können. Auch hier eignet sich ein Unterricht im Kreis.

Hinsichtlich der Schritte dürften wenig Schwierigkeiten auftreten, da sie relativ einfach sind. Jedoch ist hier Taktgefühl und genaues Hinhören gefragt. Die bestimmten Akzente in der Musik werden mit Klatschen (wie damals auf dem Schulhof) mit einem vorher festgelegten Partner unterstützt. Da sie auf Beat „8" und „1" liegen, sind sie nicht so einfach zu treffen. Der Trainer sollte hier mit entsprechenden Anweisungen unterstützen.

Das Tempo dieses Liedes ist sehr anspornend und lässt intensive Schritte zu. Wenn das Ziel ein effektives Ausdauertraining ist, so eignet sich „Amarillo" besonders gut.

BEWERTUNG DER MOTORISCHEN UND KOORDINATIVEN BEANSPRUCHUNG						
Ausdauer	Kraft	Beweglichkeit	Koordination	Balance	Schnelligkeit	Intensität
***	*	*	**	*	*	**

CHOREOGRAFIE				
Abschnitt	**Struktur**	**Beats**	**Bewegung**	**Armbewegung**
1	**Refrain 1:** „Shalalala ..."	16	March am Platz, dabei zum Partner drehen.	Auf Beat „8" und „1" jeweils einmal gegen die Hände des Partners klatschen.
2	„Shalalala ..."	8	March am Platz, dabei wieder mit dem Blick zur Mitte.	
3	instrumental	8	March am Platz.	Die Hände rollen auf Beat „1-4" umeinander (Akzente der Musik beachten).
4	instrumental	8	Abschnitt 3 1 x wiederholen.	
5	**Brücke:** instrumental	8	March am Platz.	
6	**1. Strophe:** „When the day is dawning ..."	2 x 32	Heel Digs am Platz mit intensiver Ausführung: mehr in die Knie gehen.	Die Arme schwingen kräftig nach vorn und zurück.
7	**Refrain 2:** „Is this the way to Amarillo ..."	2 x 32	Acht Schritte im Kreis rechtsherum, acht Schritte linksherum. Dies noch 3 x wiederholen.	
8	**Refrain 1:** „Shalalala ..."	32	Abschnitt 1-3 1 x wiederholen.	
9	**2. Strophe:**	2 x 32	Abschnitt 6 1 x wiederholen.	
10	**Refrain 2:**	2 x 32	Abschnitt 7 1 x wiederholen.	
11	**Refrain 1:**	2 x 32	Abschnitt 1-3 3 x wiederholen.	

bpm: 136
Dauer: 4:29 min

Dschingis Khan: „Moskau"

„Moskau" ist ein Lied mit viel Dynamik und Schwung. Dementsprechend ist die Choreografie anstrengend, aber spannend. Generell sollten alle Schritte im Lowimpact unterrichtet werden. Wenn einige Teilnehmer gern hüpfen, so werden sie es von sich aus sowieso tun. Die Motivation, die von der Musik ausgeht, initiiert eine intensive Ausführung der Schritte. Der Trainer braucht daher nichts mehr dazu erwähnen. Die Breaks in der Musik können mit March am Platz gekonnt überspielt werden.

Der Refrain sollte hingegen gründlich geübt werden, da die Schritte nur Spaß machen, wenn man einigermaßen sicher in der Ausführung ist. Weil an dieser Stelle auch Schnelligkeit und Umschaltfähigkeit gefragt sind, muss auf die Akzentuierung besonders deutlich hingewiesen werden. Der Textteil „Hey!" wird selbstverständlich mitgesungen (mitgerufen). Sonst ist das nur der halbe Spaß!

BEWERTUNG DER MOTORISCHEN UND KOORDINATIVEN BEANSPRUCHUNG						
Ausdauer	Kraft	Beweglichkeit	Koordination	Balance	Schnelligkeit	Intensität
***	*	*	**	*	**	***

CHOREOGRAFIE				
Abschnitt	**Struktur**	**Beats**	**Bewegung**	**Armbewegung**
1	**Intro 1:** instrumental	32	March am Platz.	
2	**Intro 2:** instrumental	32	Double Step Touch nach rechts u. links, der Kopf geht in Bewegungsrichtung mit. Dies noch 3 x wiederholen.	Die Arme sind an der Hüfte eingestützt.
3	**1. Strophe:** „Moskau ..." sanft	2 x 32	Abschnitt 2 2 x wiederholen.	Der rechte bzw. linke Arm wird gefühlvoll kreisend in Bewegungsrichtung geführt.
4	**Refrain 1:** „Kosaken ..."	32 + 4	Heel Digs.	Die Hände sind eingestützt, aber klatschen, wenn in der Musik geklatscht wird.
5	**Refrain 2:** „Moskau ..."	12	Sechs Kicks (Low- oder Highimpact).	Die Arme vor dem Körper verschränken wie beim russischen Tanz.
6	„hohohoho ..."	3	Einen Squat nach rechts.	„hohohoho ..." mitsingen.
7	„Hey"	1	Füße schließen.	Arme hoch, laut „Hey" rufen.
8		16 + 32	Abschnitt 5-7 3 x wiederholen.	Achung: Das allerletzte „Hey" weglassen!
9	**2. Strophe:**	32	Abschn. 3 1 x wiederholen.	
10	**Refrain 1:**	32 + 4	Abschn. 4 1 x wiederholen.	
11	**Refrain 2:**	2 x 32	Abschn. 5-8 1 x wiederh.	
12	**Brücke 1:**	32 + 4	Abschn. 2 1 x wiederholen.	
13	**Brücke 2:**	32 + 16	Double Step Touch mit leichtem Hüpfer.	Ein Arm geht in Bewegungsrichtung mit hoch.
14	**Refrain 1:**	32 + 4	Abschn. 4 1 x wiederholen.	
15	**Refrain 2:**	2 x 32	Abschn. 5-8 1 x wiederholen.	Mit dem letzten „Hey" stehen bleiben.

bpm: 163
Dauer: 2:20 min

Chubby Checker: „Let's Twist Again"

Chubby Checker lädt zum Twisten ein. Schon wenn die Musik startet, bewegen sich die Teilnehmer, ohne dass der Trainer Anweisungen geben muss. Dieses Lied ist zwar sehr schnell, wird aber mit einfachen Schritten begleitet. Die Teilnehmer haben also trotzdem genug Zeit, sich auf Schritt- und Richtungswechsel einzustellen.

Zu dieser Musik passt fast nichts anderes als Twist- und Kickbewegungen. Letztere empfehle ich, im Lowimpact zu unterrichten. Die Intensität ist schon ohnehin sehr hoch, da braucht man Highimpact nicht unbedingt. Zu den Twistbewegungen möchte ich Folgendes sagen: Viele Teilnehmer mögen diese Bewegungen sehr gern. Sie erinnern an frühere Tanzveranstaltungen. Da jedoch der Fußboden in der Sporthalle oder im Fitnessstudio meist nicht rutschig genug ist, oder die Sportschuhe sehr griffig sind, wird man mit beidbeinigen Twistbewegungen eher Knieprobleme hervorrufen, als den Spaß an der Sache zu vermitteln. Ich unterrichte daher den Twist nur mit einem Bein. Das Körpergewicht lastet auf dem Standbein, das twistende Bein ist entlastet. Nur ganz am Ende der Choreografie füge ich als Finale für die letzten Sekunden den vollständigen Twist ein.

Achtung: Bei diesem Lied das Schlussbild nicht vergessen.

BEWERTUNG DER MOTORISCHEN UND KOORDINATIVEN BEANSPRUCHUNG						
Ausdauer	Kraft	Beweglichkeit	Koordination	Balance	Schnelligkeit	Intensität
***	*	*	*	*	**	**

CHOREOGRAFIE				
Abschnitt	**Struktur**	**Beats**	**Bewegung**	**Armbewegung**
1	**Intro:** „Come on, everybody ..."	32 + 4	March am Platz.	Klatschen, wenn in der Musik geklatscht wird.
2	**Refrain :** „Let's twist again"	2 x 32	Der rechte Fuß tippt 8 x nach außen und innen. Es entsteht dabei eine Twistbewegung mit einem Bein. 8 x wiederholen mit der anderen Seite, dann alles noch 1 x wiederholen.	Die rechte bzw. linke Hand schnippt Richtung Fuß.
3	**1. Strophe:** „Go round and round ..."	32	Vier Step Touches nach rechts.	Den rechten Arm 4 x nach rechts strecken.
4	**Refrain:**	32	Abschnitt 2 nur 1 x wiederholen.	
5	**Brücke:** instrumental	8	Kicks durch den Raum.	Die Arme locker bewegen.
6	**Refrain:**	2 x 32	Abschnitt 2 1 x wiederholen.	
7	**2. Strophe:**	32	Abschnitt 3 1 x wiederholen.	
8	**Refrain:**	32 + 16	Abschnitt 2 nur 1 x wiederholen. Bei den letzten 16 Beats twisten beide Füße gleichzeitig.	

bpm: 150
Dauer: 1:55 min

Elvis Presley: „All Shook up"

Elvis Presley darf natürlich nicht fehlen. Diese Choreografie ist kurz, aber knackig. Sie enthält fast als Einzige von meinen Beispielen kleine Hüpfer, die jeder Teilnehmer, je nach Fitnessniveau, selbst variieren kann. Auch der Schultershake ist nicht jedermanns Sache, passt aber in diesem Fall sehr gut zur Musik.

Als Trainer sollte man sicher sein, dass die Teilnehmer mit der Ausführung des Grapevines vertraut sind. Da die Musik sehr schnell ist, bleibt nicht viel Zeit zum Nachdenken, zudem müssen Trainer und Teilnehmer aufmerksam sein, um den Hüpfer nicht zu verpassen. Der beschriebene Twist kann wie bei Chubby Checkers „Let's Twist Again" ebenso gut einbeinig erfolgen.

BEWERTUNG DER MOTORISCHEN UND KOORDINATIVEN BEANSPRUCHUNG						
Ausdauer	Kraft	Beweglichkeit	Koordination	Balance	Schnelligkeit	Intensität
***	*	*	**	*	**	**

CHOREOGRAFIE				
Abschnitt	**Struktur**	**Beats**	**Bewegung**	**Armbewegung**
1	**Intro:**	16	March am Platz.	
2	**1. Strophe:** „When the bless ..."	24	Grapevine nach rechts und links. Dies noch 2 x wiederholen.	Klatschen auf Beat „4" und „8".
3	**Refrain:** „All shook up"	8	Hüpfer auf Beat „4".	Schultershake auf Beat „5-8".
4	„Uhuhu ..."	16	Heel Dig am Platz.	Arme schwingen unterstützend vor.
5	**2. Strophe:** „When my hands ..."	24	Abschnitt 2 1 x wiederholen.	
6	**Refrain:**	24	Abschnitt 3-4 1 x wiederholen.	
7	**Brücke:** „Well, please don't ask me"	32	Twist am Platz.	
8	**3. Strophe:** „She touches my hand ..."	24	Abschnitt 2 1 x wiederholen.	
9	**Refrain:**	24	Abschnitt 3-4 1 x wiederholen.	
10	**Brücke:**	32	Twist am Platz.	
11	**4. Strophe:**	24	Abschnitt 2 1 x wiederholen.	
12	**Refrain:**	24	Abschnitt 3-4 1 x wiederholen.	
13	**Ausklang:**	16	Twist am Platz.	

bpm: 148
Dauer: 2:14 min

Wanda Jackson: „Let's Have a Party"

„Let's Have a Party" ist ein weiteres Lied, das zum Rock 'n' Roll einlädt. Es ist für eine Fit-ab-50-Stunde wiederum etwas schnell, wird aber durch langsame Schritte in der Strophe abgemildert.

Die Akzente in jeder einzelnen Strophe sind sehr eindeutig zu hören und sollten auch mit betonten Schritten und Bewegungen interpretiert werden. Da sich die Strophen und der Refrain häufig wiederholen, braucht diese Choreografie wenig Vorbereitungszeit.

BEWERTUNG DER MOTORISCHEN UND KOORDINATIVEN BEANSPRUCHUNG						
Ausdauer	Kraft	Beweglichkeit	Koordination	Balance	Schnelligkeit	Intensität
***	*	*	**	*	**	**

CHOREOGRAFIE				
Abschnitt	**Struktur**	**Beats**	**Bewegung**	**Armbewegung**
1	**Intro:** instrumental	16	March am Platz.	
2	**1. Strophe:** „Some people like to ..."	16	Vier sehr langsame Schritte nach vorne.	Die Arme einfach mitbewegen.
3	**Refrain:** „Let's have a party ..."	32	Acht Schritte rückwärts. Acht Schritte am Platz. Acht Push Touches rechts und links zur Seite.	Die Arme schwingen nach außen.
4	**2. Strophe:** „I've never kissed ..."	16	Abschnitt 2 1 x wiederholen.	
5	**Refrain:**	32	Abschnitt 3 1 x wiederholen.	
6	**Brücke:** instrumental	32 + 20	Double Kicks rechts und links.	Die Arme schwingen nach rechts und links mit.
7	**3. Strophe:** „I've never kissed ..."	16	Abschnitt 2 1 x wiederholen.	
8	**Refrain:**	32	Abschn. 3 1 x wiederholen.	
9	**4. Strophe:**	16	Abschn. 2 1 x wiederholen.	
10	**Refrain:**	32	Abschn. 3 1 x wiederholen.	
11	**5. Strophe:**	16	Abschn. 2 1 x wiederholen.	
12	**Refrain:**	32	Abschn. 3 1 x wiederholen.	
13	**Ausklang:**	16	Abschnitt 6 1 x wiederholen.	

bpm: 128
Dauer: 2:41 min

The Tokens: „The Lion Sleeps Tonight"

Diese Choreografie kann man sehr schön als Cool down benutzen. Der Stil der Musik gibt lockere und kleinere Bewegungen vor. Obwohl auch dieses Lied nicht so lang ist, genügt es schon, um eine aufgelockerte Atmosphäre zu schaffen und das Herz-Kreislauf-System wieder herunterzufahren.

Je nach animativem Anspruch kann man auch den Text des Titels interpretieren und einige Dschungel- und Löwenbewegungen mit einflechten. *Aber Vorsicht:* Allzu viel Entertainment kann auch zu viel werden.

BEWERTUNG DER MOTORISCHEN UND KOORDINATIVEN BEANSPRUCHUNG						
Ausdauer	Kraft	Beweglichkeit	Koordination	Balance	Schnelligkeit	Intensität
**	*	*	*	*	*	*

CHOREOGRAFIE				
Abschnitt	**Struktur**	**Beats**	**Bewegung**	**Armbewegung**
1	**Intro:** „Ihdidi ..."	32	Push Touches rechts und links zur Seite.	Die Arme schwingen locker im Takt.
2	**Refrain:** „Awhimaway ..."	32	Vier Cha-Cha-Cha vorwärts, vier Cha-Cha-Cha rückwärts, vier Cha-Cha-Cha vorwärts, vier Cha-Cha-Cha rückwärts.	Die Arme schieben in Bewegungsrichtung.
3	**1. Strophe:** „In the jungle"	32	Double Step Touch nach rechts und links.	Die Finger krallen wie ein Löwe in Bewegungsrichtung.
4	**Refrain:**	32	Abschnitt 2 1 x wiederholen.	
5	**2. Strophe:** „Near the village ..."	32	Abschnitt 3 1 x wiederholen.	
6	**Refrain:**	32	Abschnitt 2 1 x wiederholen.	
7	**Brücke:** instrumental	32	Abschnitt 1 1 x wiederholen.	
8	**3. Strophe:**	32	Abschn. 3 1 x wiederholen.	
9	**Refrain:**	32	Abschn. 2 1 x wiederholen.	
10	**4. Strophe:**	32	Abschn. 3 1 x wiederholen.	

bpm: 120
Dauer: 3:26 min

Frank Sinatra: „New York, New York"

Bei Frank Sinatra ist Showtime. Dimmen Sie das Licht und Sie werden erleben, wie viel Gefühl und Ausdruck die Teilnehmer ausstrahlen können. Die Schritte sind sehr einfach, die Intensität sehr gering. Die Choreografie lebt daher von der Akzentuierung der Musik und damit auch der Bewegung.

Da es viel einfacher zu fühlen als zu zählen ist, geben Sie mehr Aufmerksamkeit auf die Akzente und die Dynamik der Musik.

Dieses Lied gilt dem Cool down und der Auflockerung. Am Ende hat man das Gefühl, ein ganz besonderes Bonbon bekommen zu haben. – Und legen Sie Wert auf ein schönes Schlussbild.

BEWERTUNG DER MOTORISCHEN UND KOORDINATIVEN BEANSPRUCHUNG						
Ausdauer	Kraft	Beweglichkeit	Koordination	Balance	Schnelligkeit	Intensität
*	*	*	*	*	*	*

CHOREOGRAFIE				
Abschnitt	**Struktur**	**Beats**	**Bewegung**	**Armbewegung**
1	**Intro:** instrumental	32	Einfühlen in die Musik.	
2	**1. Strophe:** „Starts ..."	32	Step Kick am Platz.	Die Arme schwingen.
3	**2. Strophe:** „These ..."	32	Step Kick am Platz.	Intensivere Armschwünge.
4	**3. Strophe:** „I want to wake up ..."	32	Drei Schritte nach rechts, ein Kick nach links, wiederholen zur anderen Seite. Dieses noch 3 x wiederholen.	Beim Kick die Arme hochführen.
5	**4. Strophe:** „These little town blues ..."	32	Step Kick am Platz.	
6	**5. Strophe:** „If I can ..."	24	Abschnitt 4 1 x wiederholen.	
7	**Brücke:** instrumental	32	Step Kick am Platz.	
8	**6. Strophe:** „I want to wake up ..."	32	Abschnitt 4 1 x wiederholen.	
9	**Pause:** Langsamer	8	Stehen.	Armkreis nach oben.
10	**Brücke:** „These little town blues ..." Langsam	2 x 32	Step Kick sehr langsam ausgeführt, große Bewegungen.	
11	**Ausklang:** „New York ..."	16	Stehen.	Einige Armkreise nach oben.

4.5 Stuhlgymnastik

Diese Stuhlgymnastik hat es in sich. Wer jetzt nur an leichte Bewegungsmaßnahmen denkt, liegt falsch. Obwohl man sitzt, ist der ganze Körper in Aktion.

Ausgangsposition ist das gerade Sitzen auf der Stuhlkante eines Stuhls ohne Armlehnen. Die Füße sollten festen Bodenkontakt haben, das Becken und die Wirbelsäule sind aufgerichtet. Diese Grundspannung des Körpers beugt Fehlhaltungen vor und stellt ganz nebenbei einen guten Trainingseffekt für die Rückenmuskulatur dar.

Wer statt Stühlen lieber große Bälle benutzen möchte, sollte sich jedoch vergewissern, ob die Teilnehmer sicher die Balance halten können. Anfänger oder Teilnehmer, die noch nie auf einem Ball gesessen haben, sollten in vorangegangenen Unterrichtsstunden mit Gewöhnungs- und Balanceübungen an das Gerät herangeführt werden.

Die beschriebenen Choreografien kann man nicht nur in der Unterrichtsstunde anwenden, sie eignen sich auch hervorragend als Auflockerung beim Kaffeeklatsch oder bei Feiern, bei denen viel gesessen (und gegessen) wird.

Stuhlgymnastik-Choreografie 1

bpm: 170
Dauer: 3:19 min

Harry Belafonte: „Coconut"

Sommermusik lädt immer zur Bewegung ein. Bei dieser Musik kann man gar nicht anders, als mit den Hüften zu wackeln. Und so ist es auch gedacht, denn der Schwerpunkt bei dieser Choreografie liegt auf Gelenkmobilisation und der Wirbelsäulenflexibilität. Da die Musik sehr schnell ist, kann man hervorragend mit dem Tempo der Bewegungen spielen und mal eine schnelle, mal eine langsame Bewegungsausführung wählen. Daher sind bezüglich der Wiederholungen auch keine Angaben gemacht. Der Trainer entscheidet am besten aus dem Bauch (oder aus den Hüften) heraus, welche Geschwindigkeit angemessen ist. Das Ziel dieser Choreografie besteht darin, die Beweglichkeit zu verbessern bzw. das Warm-up als eine Vorbereitung auf folgende höhere Belastungen zu benutzen.

BEWERTUNG DER MOTORISCHEN UND KOORDINATIVEN BEANSPRUCHUNG						
Ausdauer	Kraft	Beweglichkeit	Koordination	Balance	Schnelligkeit	Intensität
*	*	***	**	*	*	**

CHOREOGRAFIE				
Abschnitt	**Struktur**	**Beats**	**Bewegung**	**Armbewegung**
1	**Intro:** instrumental	16	Vorbereitung auf die Übungen, die richtige Sitzposition einnehmen.	
2	**1. Strophe:** „Coconut woman ..."	32	Das Becken rechts und links anheben (man verlagert das Gewicht von einer Pobacke auf die andere).	
3	**Refrain:** „Catch Coconut ..."	32	Ausbalanciert sitzen und den Schwerpunkt auf die Armbewegung legen.	Auf Beat „1-4" die Schultern schütteln, auf Beat „5-8" mit einem Arm winken.
4	**2. Strophe:** „A lady ..."	32	Abschnitt 2 1 x wiederholen.	
5	**Refrain:** „You can cook ..."	32	Abschnitt 3 1 x wiederholen.	
6	**Brücke:** instrumental	32	Das Becken vor und rückkippen.	
7	**3. Strophe:** „Coconut woman ..."	32	Abschnitt 2 1 x wiederholen, dabei vor- und zurückrutschen.	
8	**Refrain:**	32	Abschn. 3 1 x wiederholen.	
9	**Brücke:** instrumental	32	Oberkörperrotation, nach rechts und links (langsames Tempo).	
10	**4. Strophe:**	32	Abschn. 2 1 x wiederholen.	
11	**Refrain:**	3 x 32	Beckenkreisen, Wirbelsäule beugen und strecken.	

bpm: 175
Dauer: 3:32 min

Glenn Miller: „In the Mood"

Auch hier steht die Beweglichkeit an erster Stelle. Da allerdings auch vermehrt Beinbewegungen unterrichtet werden können, kann diese Choreografie für den einen oder anderen auch ein Ausdauertraining bedeuten. Die Akzente der Musik, das Tempo und die Stimmung des Swings trägt zu einer intensiven Bewegungsausführung bei.

Bei einer instrumentalen Musik ist es etwas schwerer, Strophe und Refrain auseinander zu halten. Deshalb sind hier nur Abschnitte beschrieben.

BEWERTUNG DER MOTORISCHEN UND KOORDINATIVEN BEANSPRUCHUNG						
Ausdauer	Kraft	Beweglichkeit	Koordination	Balance	Schnelligkeit	Intensität
**	*	***	**	*	**	**

CHOREOGRAFIE			
Abschnitt	**Beats**	**Bewegung**	**Armbewegung**
Intro:	32	Vorbereitung.	
Abschnitt 1: Trompeten	32 + 16	Heel Digs vor.	Gegengleich vor.
Abschnitt 2:	32 + 16	Push Touches zur Seite.	Gegengleich seit.
Abschnitt 3:	2 x 32	Heel Digs vor.	Gegengleich hoch.
Abschnitt 4: Saxophon	2 x 32	Push Touches zur Seite.	Gegengleich seit.
Brücke:	16		Schultershake.
Abschnitt 5: Trompeten	2 x 32	Jumping Jack.	
Brücke:	8		Schultershake.
Abschnitt 6:	32 + 16	Den Oberkörper gerade vor- und rückneigen.	Schultershake.
Pause:	8		Schultershake.
Abschnitt 7: leise	32 + 16	Den Oberkörper gerade vor- und rückneigen (etwas sanfter).	Schultershake.
Pause:	8		Schultershake.
Abschnitt 8:	32 + 8	Den Oberkörper gerade vor- und rückneigen (noch etwas sanfter).	Schultershake.
Abschnitt 9:	2 x 32	Schüttele alles, was du hast: Alle Bewegungen dieser Choreografie verbinden.	

bpm: 160
Dauer: 2:21 min

Elvis Presley: „Jailhouse Rock"

Bei diesem Lied geht es um eine Mischung von Kraft- und Ausdauertraining. Als Trainer sollte man darauf achten, dass die Stühle hoch genug sind. Das bedeutet, dass der Oberkörper-Oberschenkel-Winkel in der sitzenden Position 90° oder mehr beträgt. Die Beanspruchung für die Knie kann so minimiert werden.

Auch diese Musik weist wieder Akzente auf, die leicht interpretiert werden können. Dadurch, dass die Teilnehmer die Musik kennen, ist es einfach, rechtzeitig Anweisungen zu geben, da die Gruppe die Bewegungen meist vorausahnen kann. Hinsichtlich der Schwierigkeit der Bewegungskoordination ist diese Choreografie sehr einfach. In Bezug auf die Kraftbelastung ist sie jedoch etwas anspruchsvoll. Das gibt Gelegenheit, intensiv zu trainieren und verstärkt auf die Bewegungsausführung zu achten.

BEWERTUNG DER MOTORISCHEN UND KOORDINATIVEN BEANSPRUCHUNG						
Ausdauer	Kraft	Beweglichkeit	Koordination	Balance	Schnelligkeit	Intensität
**	**	*	*	*	*	**

CHOREOGRAFIE				
Abschnitt	**Struktur**	**Beats**	**Bewegung**	**Armbewegung**
1	**Intro:** instrumental	16	Vorbereitung auf die Übungen, die richtige Sitzposition einnehmen.	
2	**1. Strophe:** „Once through a party ..."	32	4 x halb aufstehen und hinsetzen, der Rücken bleibt gerade.	Die Arme dürfen Schwung holen.
3	**Refrain:** „...Everybody let's rock ..."	32	Kicks nach vorn und zur Seite.	Die Arme schwingen locker mit.
4	**2. Strophe:** „Spider Murphy ..."	32	Abschnitt 2 1 x wiederholen.	
5	**Refrain:**	32	Abschnitt 3 1 x wiederholen.	
6	**3. Strophe:**	32	Abschnitt 2 1 x wiederholen.	
7	**Refrain:**	32	Abschnitt 3 1 x wiederholen.	
8	**Brücke:** instrumental	32	Knie im Wechsel nach innen fallen lassen.	
9	**4. Strophe:** instrumental	32	Abschnitt 2 1 x wiederholen.	
10	**Refrain:**	32	Abschn. 3 1 x wiederholen.	
11	**5. Strophe:**	32	Abschn. 2 1 x wiederholen.	
12	**Refrain:**	32	Abschn. 3 1 x wiederholen.	
13	**Ausklang:**	32	Twist.	

bpm: 145
Dauer: 2:20 min

Paul Anka: „Diana"

Einige behaupten, dieses Lied sei kitschig. Mag sein, aber ab und zu ist das auch angebracht. Mit dieser Choreografie können Kraft, Beweglichkeit und Ausdauer gleichzeitig trainiert werden. Es werden Sitzübungen und Übungen im Stand miteinander verbunden.

Da gerade das Beherrschen der Beweglichkeitsübungen, wie z.B. das Bein über die Stuhllehne schwingen, in einer Gruppe stark differiert, sollten unbedingt Alternativen zu dieser Übung gegeben werden.

Aber wie wäre es, wenn alle diese Übung zumindest probieren? Wer nichts wagt, der nichts gewinnt.

BEWERTUNG DER MOTORISCHEN UND KOORDINATIVEN BEANSPRUCHUNG						
Ausdauer	Kraft	Beweglichkeit	Koordination	Balance	Schnelligkeit	Intensität
**	**	***	**	*	*	**

CHOREOGRAFIE				
Abschnitt	**Struktur**	**Beats**	**Bewegung**	**Armbewegung**
1	**Intro:** instrumental	16	Vorbereitung auf die Übungen, die richtige Sitzposition einnehmen.	
2	**1. Strophe:** „I'm so young ..."	32 + 16	Step Touches mit Vorkreuzen eines Beins.	Die Arme schwingen locker mit.
3	**Refrain:** „Oh, please ..."	16 + 32	Aufstehen und um den Stuhl gehen. Bei „Diana" ein Bein um den Stuhl schwingen. Letzteres öfter wiederholen.	Die Hände halten eventuell an der Stuhllehne fest.
4	**2. Strophe:** „Thrills I get ..."	32 + 16	Abschnitt 2 1 x wiederholen.	
5	**Refrain:**	16 + 32	Abschnitt 3 1 x wiederholen.	
6	**Brücke:** „Oh my darling ..."	32	Im Sitzen schnell laufen (Sprint).	
7	**3. Strophe:** „Only you ..."	32 + 16	Abschnitt 2 1 x wiederholen.	
8	**Refrain:**	16 + 32	Abschnitt 2 1 x wiederholen.	

4.6 Step-Aerobic

Die hier vorgeschlagenen Choreografien entsprechen nicht unbedingt dem üblichen Vorgehen bei Step-Aerobic-Stunden. Bei diesen wird im Allgemeinen so unterrichtet, dass die Bewegungen ohne Pausen durchgeführt werden. Im Takt der Musik steht ein kardiovaskuläres Training nach der Dauermethode im Vordergrund. In einer Fit-ab-50-Stunde kann man dieses selbstverständlich auch einführen und unterrichten. Wenn die Teilnehmer in ihrem optimalen Trainingsbereich trainieren, ist Step-Aerobic im klassischen Sinne ein fantastisches und gelenkschonendes Training[5]. Bei den folgenden Choreografien jedoch handelt es sich um Übungsmöglichkeiten, die eine Idee geben sollen, was man noch so alles mit dem Step machen kann. Er wird hier vielmehr als unterstützendes Gerät benutzt, mit dem jeder gleich etwas anfangen kann. Alle Choreografien kann man anwenden, auch wenn die Teilnehmer noch nie damit trainiert haben und auch, wenn der Trainer wenig Erfahrung mit dieser Stufe hat. Es müssen jedoch die Grundsätze einer sicheren Technik beachtet werden.

Beim Aufsetzen auf den Step sollte immer darauf geachtet werden, dass der ganze Fuß auf der Plattform auftritt. Beim Hinaufsteigen hat sich außerdem bewährt, dass der Fuß leicht von der Ferse nach vorn abrollt. Das verringert den Aufschlag und gewährleistet, dass der ganze Fuß auf den Step gesetzt wird. Beim Absteigen, das günstigerweise nach hinten ausgeführt wird, rollt der Fuß vom Vorderfuß bis ganz auf die Ferse ab.

Die Höhe der Steps sollte individuell dem Trainingszustand und auf die Größe der einzelnen Teilnehmer abgestimmt werden. Für eine Fit-ab-50-Stunde sind solche am besten geeignet, die man ab einer Höhe von 6 cm benutzen kann. Hat man keine Steps zur Verfügung, eignen sich auch ein oder zwei Bodenmatten. Die Auftrittsfläche ist zwar wackeliger als auf dem Step, hat aber einen besseren neuromuskulären Trainingseffekt. Kastenoberteile können auch benutzt werden. Der Trainer muss sich aber bewusst sein, dass sie sehr hoch sind und den ein oder anderen überlasten könnten. Musik mit etwa 120 bpm und Step-Bewegungen, die mit Aerobic-Bewegungen am Boden abwechseln, sind zu bevorzugen.

---

[5] *Literatur dazu finden Sie am Ende des Buches.*

bpm: 126
Dauer: 3:53 min

Gibson Brothers: „Que Sera Mi Vida"

Der Step steht quer vor dem Übenden.

Diese Choreografie dient dem speziellen Aufwärmen mit dem Step und der Gewöhnung an das Gerät. Die Übungen sind so gewählt, dass sich die Herzfrequenz allmählich steigert, einzelne Gelenke mobilisiert werden und sich die Teilnehmer an die Höhe und die Ausmaße des Steps gewöhnen können. Auch wenn die Teilnehmer noch nie mit einem Step trainiert haben, so können sie dieser Choreografie ohne Vorkenntnisse folgen.

Bei Abschnitt 6 muss man sich schon sehr beeilen, um rechtzeitig wieder hinter seinem Step zu stehen. Abschnitt 10 ist so gewählt, dass man die Bewegung in der vorgeschriebenen Zeit gar nicht schaffen kann. Aber der Spaß daran, dass es nicht geht, hebt alles wieder auf.

BEWERTUNG DER MOTORISCHEN UND KOORDINATIVEN BEANSPRUCHUNG						
Ausdauer	Kraft	Beweglichkeit	Koordination	Balance	Schnelligkeit	Intensität
***	*	*	**	*	*	**

CHOREOGRAFIE				
Abschnitt	**Struktur**	**Beats**	**Bewegung**	**Armbewegung**
1	**Intro:** instrumental	16		
2	**Refrain 1:** „gogogo ..."	32 + 16 + 4	Push Touch auf den Step.	Die Arme gegengleich mitschwingen.
3	**Refrain 2:** „Que sera ..."	2 x 32	Acht Schritte um den eigenen Step. Acht Schritte am Platz. Dies 3 x wiederholen.	
4	**1. Strophe:**	2 x 24	Step Touch.	Schulterkreisen, gleichzeitig und im Wechsel.
5	**Refrain 1:** „gogogo ..."	32 + 8	Abschnitt 2 1 x wiederholen.	
6	**Refrain 2:** „Que sera ..."	2 x 32	Acht Schritte um zwei Steps. Acht Schritte am Platz. Dies 3 x wiederholen.	
7	**1. Strophe:**	2 x 24	Step Touch.	Armkreise gleichzeitig und im Wechsel.
8	**Refrain 1:** „gogogo ..."	32 + 16 + 4	Abschnitt 2 1 x wiederholen.	
9	**Brücke:**	32	Rückenmobilisation: In aufrechter Haltung die Wirbelsäule leicht beugen und strecken (Rücken rund und gerade).	
10	**Refrain 2:** „Que sera ..."	2 x 32	Acht Schritte um drei Steps. Acht Schritte am Platz. Dies 3 x wiederholen.	

bpm: 115
Dauer: 3:31 min

Elvis Presley: „Fever"

Der Step steht quer vor dem Übenden.

„Fever" eignet sich hervorragend für Mobilisationsübungen. Die Akzente in der Musik können auf lustige Weise interpretiert werden. Dadurch, dass in der Musik wenig Instrumente benutzt werden und der Gesang eher ruhig ist, hat man den Eindruck, die Musik sei leise. Für Anweisungen zur Bewegungsausführung hat man also ausreichend Gelegenheit.

BEWERTUNG DER MOTORISCHEN UND KOORDINATIVEN BEANSPRUCHUNG						
Ausdauer	Kraft	Beweglichkeit	Koordination	Balance	Schnelligkeit	Intensität
*	*	***	*	*	*	*

CHOREOGRAFIE				
Abschnitt	**Struktur**	**Beats**	**Bewegung**	**Armbewegung**
1	**Intro:**	16		
2	**1. Strophe:** „Never know ..."	32	Stand mit leichter Grätschstellung.	Schultergürtelbewegungen vor und zurück.
3	**Refrain:** „You give me fever ..."	32	Stand auf dem Boden mit leichter Grätschstellung.	Nach „Fever" im Akzent der Musik die Arme kraftvoll nach vorn und dann langsam zurückziehen, dann 2 x Schulterkreisen rückwärts.
4	**2. Strophe:** „Sunlights ..."	32	Stand mit leichter Grätschstellung.	Oberkörperrotation.
5	**Refrain:**	32	Abschnitt 3 1 x wiederholen.	
6	**Brücke:** „Everybody ..."	32	Rechte Ferse auf den Step.	Der Oberkörper wippt leicht nach vorn.
7	**3. Strophe:** „Romeo ..."	32	Linke Ferse auf den Step.	Der Oberkörper wippt leicht nach vorn.
8	**Refrain:**	32	Abschn. 3 1 x wiederholen.	
9	**4. Strophe:** „Captain Smith ..."	32	Stand seitlich am Step. Dabei ist der rechte Fuß auf dem Step und die Beine in Grätschstellung.	Gewichtsverlagerung von einer Seite zur anderen.
10	**Refrain:**	32	Abschn. 3 1 x wiederholen.	
11	**5. Strophe:** „Now, you ..."	32	Stand seitlich am Step. Dabei ist der linke Fuß auf dem Step und die Beine in Grätschstellung.	Gewichtsverlagerung von einer Seite zur anderen.
12	**Refrain:**	48	Abschn. 3 1 x wiederholen.	

bpm: 128
Dauer: 3:43 min

Chris Roberts: „Du kannst nicht immer 17 sein"

Der Step steht quer vor dem Übenden.

Dieses Lied verbindet Mitsingen mit Training. Es wird mehr vor dem Step als mit dem Step unterrichtet. Die beschriebene Choreografie spricht Teilnehmer an, die noch nie mit einem Step trainiert haben.

Fortgeschrittenere Teilnehmer können statt der Heel Digs und Push Touches auch Basic Steps oder Knee Lifts ausführen. Das erhöht den Schwierigkeitsgrad und die Intensität. Je nach Showtalent und Temperament des Trainers kann man sich hier ordentlich ins Zeug legen. Der Text des Refrains und der Strophe darf gern mit auffälligen Gesten interpretiert werden.

BEWERTUNG DER MOTORISCHEN UND KOORDINATIVEN BEANSPRUCHUNG						
Ausdauer	Kraft	Beweglichkeit	Koordination	Balance	Schnelligkeit	Intensität
***	*	*	**	*	*	**

CHOREOGRAFIE				
Abschnitt	**Struktur**	**Beats**	**Bewegung**	**Armbewegung**
1	**Intro:** instrumental	32	March am Platz.	
2	**Refrain:** „Du kannst nicht immer 17 sein ..."	2 x 32	16 Heel Digs und 16 Push Touches.	Gegengleiche Armführung.
3	**1. Strophe:** „Du liebst Musik ..."	2 x 32	Intensive Step Touches am Boden.	Luftgitarre spielen.
4	**Refrain:**	2 x 32	Abschnitt 2 1 x wiederholen.	
5	**2. Strophe:** „Schau in den Spiegel ..."	2 x 32	Acht Double Step Touches.	Armbewegung ausführen, als würde man in den Spiegel schauen.
6	**Refrain:**	2 x 32	Abschnitt 2 1 x wiederholen.	
7	**3. Strophe:** „Mit dir ist jeder Tag ..."	32	Vier Shuffles nach rechts, vier nach links. Dies noch 3 x wiederholen.	Unterstützende Bewegungen der Arme.
8	**Refrain:**	3 x 32	Abschnitt 2 1 x wiederholen.	

bpm: 136
Dauer: 3:02 min

Dschingis Khan: „Dschingis Khan"

Der Step steht längs. Der Übende steht gegrätscht über dem Step.

„Dschingis Kahn" ist für Step-Aerobic ein relativ schnelles Lied. Ich empfehle daher, es nur zu benutzen, wenn man die Möglichkeit hat, die Geschwindigkeit mit einem Pitch Control-Gerät zu reduzieren. Ansonsten ist es ein Lied, mit dem man hervorragend die Schnelligkeit trainieren kann. Der Schwierigkeitsgrad der Schritte sollte dann allerdings etwas niedriger gehalten werden, damit sich die Teilnehmer mehr auf die Ausführung der Schritte konzentrieren können.

Die Dynamik dieses Titels spricht für sich. Trainer, die nicht viel Erfahrung mit Motivation haben, können diese Choreografie als idealen Einstieg wählen, da die meiste Animation bzw. Motivation aus der Gruppe kommt. Diese Choreografie ist ein Selbstgänger, da das „Hu, Ha" in dem Lied meist mitgesungen wird, ohne dass der Trainer etwas sagen muss.

Die vier Step Touches nach rechts oder links können wahlweise auch im Highimpact ausgeführt werden.

BEWERTUNG DER MOTORISCHEN UND KOORDINATIVEN BEANSPRUCHUNG						
Ausdauer	Kraft	Beweglichkeit	Koordination	Balance	Schnelligkeit	Intensität
***	*	*	**	*	*	***

CHOREOGRAFIE				
Abschnitt	**Struktur**	**Beats**	**Bewegung**	**Armbewegung**
1	**Intro:** „Hu, ha!"	32 + 8	Über dem Step stehen.	Bei „Hu" und „ha" nach vorn boxen.
2	**1. Strophe:** „Sie ritten ..."	2 x 32 +4	14 Straddle ups mit rechts. Bei den letzten 12 Beats hinter den Step gehen.	
3	**Refrain:** „Dsching, Dsching, Dschingis Khan ..."	8 8 8 8 8 8 16	Vier Step Touches nach rechts, vier Heel Digs am Boden, vier Step Touches nach links, vier Heel Digs am Boden. Auf Beat „1" einen Fuß auf den Boden stellen, auf Beat „1" den anderen Fuß nachziehen. March am Platz.	Laut „hahahaha!" mitsingen. Laut „hohohoho!" mitsingen.
4	**Refrain:**	2 x 32	Abschnitt 3 1 x wiederholen. Bei den letzten 16 Beats wieder über den Step gehen.	
5	**2. Strophe:**	2 x 32 + 4	Abschnitt 2 mit links wiederholen.	
6	**Refrain:**	2 x 32	Abschnitt 3 nach links wiederholen.	
7	**Refrain:**	2 x 32	Abschnitt 4 nach links wiederholen.	

bpm: 114
Dauer: 2:36 min

Drafi Deutscher: „Marmor, Stein und Eisen bricht"

Der Step steht längs. Die Ausgangsposition ist auf dem Step.

Mit dieser Choreografie lässt sich Ausdauer- mit Krafttraining verbinden. Die unterschiedlichen Schnelligkeiten und die variable Dynamik lässt ein variationsreiches Training zu.

Die langsamen Melodien unterstützen große, langsame, aber intensive Bewegungen, die dynamischeren Abschnitte motivieren zu schnellen, kleinen Bewegungen.

Viele Teilnehmer schwelgen bei diesem Lied in Erinnerungen. Laden Sie sie bei der Textstelle „Damm, damm" zum Mitsingen ein.

BEWERTUNG DER MOTORISCHEN UND KOORDINATIVEN BEANSPRUCHUNG						
Ausdauer	Kraft	Beweglichkeit	Koordination	Balance	Schnelligkeit	Intensität
**	**	*	*	*	*	***

CHOREOGRAFIE				
Abschnitt	**Struktur**	**Beats**	**Bewegung**	**Armbewegung**
1	**Intro:** instrumental	8		
2	**1. Strophe:** „Weine nicht, wenn der ..."	32	Acht Squats nach rechts und links herunter (beide Füße treffen sich immer wieder auf dem Step).	Die Arme stützen auf den Oberschenkeln ab.
3	**Refrain 1:** „Marmor, Stein und ..."	32	16 Lunges nach rechts und links vom Step herunter.	Unterstützende Bewegungen.
4	**2. Strophe:** „Kann ich einmal ..."	32	Abschnitt 3 1 x wiederholen.	
5	**Refrain 1:**	32	Abschnitt 3 1 x wiederholen.	
6	**Refrain 2:** dynamischer	32	Auf dem Step: 32 sehr schnelle Push Touches vor.	Unterstützende Bewegungen.
7	**Pause**	8	Warten (theatralisch).	
8	**3. Strophe:** „Nimm den goldenen ..."	32	Abschnitt 2 1 x wiederholen.	
9	**Refrain 1:**	32	Abschnitt 3 1 x wiederholen.	
10	**Refrain 2:** dynamischer	2 x 32	Abschnitt 6 2 x wiederholen.	

4.7 Stretching

Das Stretching nach dem Training ist ein wichtiger Bestandteil der Stunde. Es bewirkt eine Erhaltung der Beweglichkeit und unterstützt die Regeneration der Muskulatur. Der Kontraktionsrückstand, der während des Trainings verursacht wurde, sollte mit Dehnungsübungen wieder aufgelöst werden. Die hier vorgeschlagenen Übungen können statisch gehalten werden oder leicht dynamisch ausgeführt werden. Die Dauer der einzelnen Übungen kann über 20 Sekunden betragen. *Doch Vorsicht:* Einige Positionen sind für Fit-ab-50-Teilnehmer schwer einzunehmen. Diese Positionen eine längere Zeit zu halten, führt manchmal eher zu einer vermehrten *Ver*spannung als zu einer *Ent*spannung. In diesem Fall kann die Dehnungsdauer abgekürzt oder eine leichtere Alternative gefunden werden. Jede Dehnung sollte mit Lockerungsübungen oder geführten Armbewegungen abgewechselt und mit einfachen Atemübungen ergänzt werden.

Die Art des Stretchings und die Wahl der Muskulatur hängt von der Art der vorangegangenen Belastung ab. Wurde viel Krafttraining für die Arme unterrichtet, so sollte vermehrt die beanspruchte Muskulatur der Arme und des Oberkörpers gedehnt werden. Lag der Schwerpunkt der Stunde eher auf Aerobic oder Step-Aerobic, so liegt es nahe, eher die Beinmuskeln zu dehnen.

Zu jeder Dehnung gibt es viele Alternativen und Variationen. Gerade beim Stretching gibt es in der Gruppe der Teilnehmer große Unterschiede in der Beweglichkeit. Der Trainer sollte ein großes Repertoire an Dehnungsübungen anbieten können, damit jeder Teilnehmer auf seine Kosten kommt.

Die wichtigsten Muskelgruppen, die in einer Fit-ab-50-Stunde unterrichtet werden sollten, sind unten dargestellt. Wer mehr über Methoden des Stretchings und über Dehnungsübungen erfahren möchte, sollte in der entsprechenden Literatur nachlesen. Dieses Thema ist sehr umfassend und würde den Rahmen dieses Buches sprengen.

Musikempfehlung:

1. Keine Musik (man kann in Ruhe erklären und korrigieren).
2. Ruhige Entspannungsmusik.
3. Paul Anka – „Put Your Head on My Shoulder".
4. Frank Sinatra – „My Way".
5. Glenn Miller – „Moonlight Serenade".

Stretching-Übung 1

Muskelgruppe: Wadenmuskeln (M. gastrocnemius, M. soleus)	Übung: 	Alternativübung: 
Warum sollte dieser Muskel gedehnt werden? Eine gute Beweglichkeit der Wadenmuskeln gewährleistet einen sicheren Stand und eine große Schrittlänge.	Beschreibung: Weite Schrittstellung: Das hintere Bein ist gestreckt, das vordere Bein gebeugt. Beide Füße zeigen nach vorn. Die Ferse des hinteren Beins berührt möglichst den Boden. Die Hände stützen an einer Wand ab.	Beschreibung: Wie nebenstehend, aber das hintere Bein ist gebeugt.

Stretching-Übung 2

Muskelgruppe: Hintere Oberschenkel-muskulatur (Mm. ischiocrurales)	Übung: 	Alternativübung: 
Warum sollte dieser Muskel gedehnt werden? Eine gut gedehnte ischiocrurale Muskulatur verbessert die Beweglichkeit im Hüftgelenk und trägt somit zur guten Rückenhaltung im Stand und im Sitzen bei und gewährleistet eine große Schrittlänge.	Beschreibung: Rückenlage: Ein Bein ist aufgestellt oder liegt flach am Boden, das andere Bein ist fast gestreckt und wird mit den Händen nach oben gehalten (bei starker Unbeweglichkeit kann als Armverlängerung ein Handtuch benutzt werden).	Beschreibung: Wie nebenstehend, aber das obere Bein ist ganz gestreckt (für eine zusätzlich verbesserte Kniebeweglichkeit).

Stretching-Übung 3

Muskelgruppe: Vordere Oberschenkelmuskulatur (M. quadriceps)	Übung: 	Alternativübung: 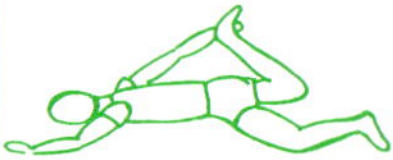
Warum sollte dieser Muskel gedehnt werden? Bei vielen Fit-ab-50-Übungen, besonders im Stand, wird dieser Muskel stark beansprucht. Ein Stretching wirkt einem Kontraktionsrückstand entgegen.	Beschreibung: Im Stand: Eine Hand hält sich an einem festen Gegenstand oder an einer Wand fest, die andere Hand umfasst ein Fußgelenk und zieht den Fuß an das Gesäß. Das Standbein ist leicht gebeugt, der Rücken und das Becken sind aufgerichtet (alternativ kann das Bein auch mithilfe des Schuhs, des Sockens oder eines Handtuchs herangezogen werden).	Beschreibung: Wie nebenstehend, aber in Seitlage, das untere Bein ist zur besseren Stabilisation leicht angewinkelt.

Stretching-Übung 4

Muskelgruppe:	Übung:	Alternativübung:
Innere Oberschenkel- muskulatur (Mm. adductor)		
Warum sollte dieser Muskel gedehnt werden? Eine gute Dehnbarkeit dieser Muskulatur verursacht eine bessere Hüftbeweglichkeit.	Beschreibung: Weite Grätschstellung: Das Körpergewicht wird auf ein (leicht gebeugtes) Bein verlagert, das andere Bein ist gestreckt und unbelastet. Die Hände stützen auf dem gebeugten Bein ab, der Fuß des gestreckten Beins ist entweder ganz oder nur mit der Ferse auf dem Boden aufgesetzt.	Beschreibung: Im Sitzen: Die Fußsohlen berühren sich, die Knie fallen nach außen. Die Hände stützen hinter dem Körper ab, der Rücken ist gerade.

Stretching-Übung 5

Muskelgruppe:	Übung:	Alternativübung:
Brustmuskulatur (M. pectoralis major)		
Warum sollte dieser Muskel gedehnt werden? Eine gute Dehnbarkeit dieser Muskulatur ist entscheidend für einen großen Bewegungsradius der Schulter.	Beschreibung: Seitlicher Stand an der Wand mit leichter Schrittstellung: Das wandnähere Bein ist vorn, der wandnähere Arm berührt hinter dem Körper mit dem Unterarm die Wand. Zwischen Unter- und Oberarm ist ein 90°-Winkel, der Ellbogen befindet auf Höhe der Schulter oder höher.	Beschreibung: Im Stand vor einem aufgestellten Step: Die Hände werden auf den Step gelegt, die Füße sind so weit vom Step entfernt, dass der Rücken bei gestreckten Armen gerade nach vorn geneigt werden kann.

Stretching-Übung 6

Muskelgruppe: Nackenmuskulatur (M. trapezius, M. levator scapulae)	Übung: 	Alternativübung: 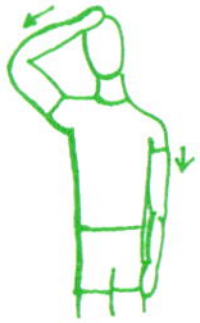
Warum sollte dieser Muskel gedehnt werden? Verspannungen durch Stress oder falsche Körperhaltung können durch Dehnungen in diesem Bereich gelöst werden.	Beschreibung: Aufrechter Stand: Der Kopf wird zur Seite geneigt, die entgegengesetzte Schulter zieht nach unten. Alternativ kann der Kopf auch zur Seite gedreht oder mehr nach unten geneigt werden.	Beschreibung: Wie nebenstehend, aber eine Hand unterstützt die Dehnung. Vorsicht, nicht so stark ziehen!

Fit ein Leben lang = fit und fröhlich

Stretching-Übung 7

Muskelgruppe:	Übung:	Alternativübung:
Hüftbeuger (M. iliopsoas)		
Warum sollte dieser Muskel gedehnt werden? Eine gut gedehnte Muskulatur verbessert die Beweglichkeit im Hüftgelenk und trägt somit zu einer guten Rückenhaltung im Stand bei und gewährleistet eine große Schrittlänge.	Beschreibung: In Rückenlage: Der Oberkörper liegt flach am Boden. Ein Bein streckt sich lang auf den Boden, das andere Bein wird gebeugt weit an den Körper gezogen.	Beschreibung: Sehr weite Schrittstellung: Das vordere Bein ist im 90°-Winkel gebeugt, die Hände stützen am Boden oder auf dem vorderen Oberschenkel ab. Das hintere Bein setzt mit der Fußspitze oder mit dem Knie am Boden auf. *Achtung:* Diese Übung ist für die meisten Fit-ab-50-Teilnehmer schwierig.

5 Unterrichtsbeispiele

Auf den folgenden Seiten sind einige Stundenabläufe so dargestellt, wie sie in der Praxis aussehen könnten. Sie sollen den Übungsleitern einen Anhaltspunkt geben, was oder wie viel man in einer Unterrichtsstunde anbieten kann. Da jede Gruppe verschieden ist, empfehle ich, sich auch Alternativen zu überlegen, die man eventuell einfügen kann.

Schwerpunkt Ausdauer

Wenn das Ziel darin besteht, die Ausdauerleistungsfähigkeit zu verbessern, sollte man zu Beginn der Stunde auf die subjektiven Belastungskriterien hinweisen und noch einmal verdeutlichen, dass mittlere Belastungen das Ziel sind. Wichtig ist außerdem, dass man einen Tag wählt, an dem das Wetter keine Belastung darstellt. Es sollte also weder zu heiß noch zu schwül sein. Außerdem sollten die Teilnehmer unbedingt etwas zu trinken dabei haben.

Folgenden Stundenablauf schlage ich in dieser Reihenfolge für mittel bis gut trainierte Teilnehmer vor:

Benötigte Geräte:

- Matten.

Stundenablauf:

Begrüßung

Hintergrundinformationen über effektives und gesundheitsorientiertes Training.

Warm-up

Kapitel 4.4 Aerobic und Ausdauertraining, Choreografie Nr. 1, 2, 3.

Hauptteil

Kapitel 4.4 Aerobic und Ausdauertraining, Choreografie Nr. 8, 7, 11, 10.

Zwischen den einzelnen Choreografien sollten Pausen für Erklärungen, das Üben oder Trinkpausen eingeplant sein.

Kapitel 4.3 Krafttraining, Übung Nr. 2.

Cool down und Stretching

Kapitel 4.4 Aerobic und Ausdauertraining, Choreografie Nr. 16.
Kapitel 4.7 Stretching, Übung Nr. 1, 3, 4, 2, 7.

Entspannung

Methoden zum Anspannen und Entspannen bieten aktive und passive Entspannung.

Schwerpunkt Krafttraining für die Beine

In den vorangegangenen Kapiteln wurde mehrmals erwähnt, wie wichtig das Krafttraining speziell für die Beinmuskulatur ist. In dieser Unterrichtsstunde wird daher vermehrt darauf eingegangen. Die Choreografien des Hauptteils betreffen zwar eher den Bereich Ausdauertraining, tragen aber dazu bei, den Körper für die folgende Beanspruchung genügend vorzubereiten.

Außerdem strengen die folgenden Kraftübungen zwar an, sind aber nicht unbedingt sehr schweißtreibend. Da die Teilnehmer in jeder Stunde schwitzen wollen, können wir ihnen hier eine kleine Ausdauereinheit anbieten.

Die Kraft der Beine hängt eng von der intra- und intermuskulären Koordination ab. Kombinierte Beinübungen und Übungen für die Balance dürfen daher in dieser Stunde nicht fehlen.

Benötigte Geräte:

- Steps oder Kastenoberteile
- Aero-Steps oder andere wackelige Unterlagen
- Matten.

Stundenablauf:

Begrüßung

Hintergrundinformationen über die Wichtigkeit des Beintrainings und der Balance, Erläutern der Möglichkeit der Übungsvariation, beispielsweise für Anfänger oder bei Knieproblemen.

Warm-up

Kapitel 4.6 Step-Aerobic, Choreografie Nr. 1, 2, 3.

Hauptteil

Kapitel 4.6 Step-Aerobic, Choreografie Nr. 4, 5.
Kapitel 4.1 Balancetraining, Übung Nr. 1, 3.
Kapitel 4.3 Krafttraining, Übung Nr. 1, 2, 4.

Cool down und Stretching

Kapitel 4.4 Aerobic und Ausdauertraining, Choreografie Nr. 15.
Kapitel 4.7 Stretching, Übung 1, 3, 4, 2, 7.

Entspannung

Als Entspannungsprogramm kann man entweder ein erweitertes Stretching-Programm für die Beinmuskulatur oder eine Fantasiereise durch den Körper mit dem Schwerpunkt der mentalen Entspannung anbieten.

Schwerpunkt Beweglichkeit und Haltungsschulung

In einer Stunde mit diesem Thema sind u.a. Übungen aus der Wirbelsäulengymnastik angebracht. Zur Steigerung der Beweglichkeit sollten vielfältige Mobilisationsübungen angeboten, zur Verbesserung der Haltung eine Kombination aus Krafttraining und Balance ausgewählt werden.

Da diese Unterrichtseinheit weniger belastend für das Herz-Kreislauf-System ist und eine geringe Gelenkbelastung darstellt, eignet sich diese Stunde als Einstieg oder Wiedereinstieg in den Sport oder als angemessene Unterrichtseinheit bei heißem Wetter.

In dieser Stunde werden, laut Choreografiebeschreibung, Stühle benötigt. Sind die Teilnehmer jedoch an die großen Powerbälle gewöhnt, können diese bevorzugt werden. Der Balanceeffekt und das neuromuskuläre Training ist bedeutend höher.

Benötigte Geräte:

- Stühle oder Powerbälle
- Exertubes oder Therabänder
- Matten.

Stundenablauf:

Begrüßung:

Hinweise auf die Wichtigkeit der geraden, aufrechten Haltung und auf die Erhaltung der Beweglichkeit.

Warm-up

Kapitel 4.4 Aerobic und Ausdauertraining, Choreografie Nr. 4.
Kapitel 4.5 Stuhlgymnastik, Choreografie Nr. 1, 2, 3.

Hauptteil

Kapitel 4.5 Stuhlgymnastik, Choreografie Nr. 4.
Kapitel 4.1 Balancetraining, Übung Nr. 1, 2.
Kapitel 4.2 Koordinationstraining, Übung Nr. 1.
Kapitel 4.3 Krafttraining, Übung Nr. 1, 3.
Kapitel 4.1 Balancetraining, Übung Nr. 4.

Cool down und Stretching

Kapitel 4.7 Stretching, Übung 5, 6, 1, 3, 4, 2, 7.

Entspannung

Zum Thema Haltungsschulung gehören Körperwahrnehmung und Körpergefühl. In dieser Entspannungsphase würde dementsprechend eine Fantasiereise durch den Körper gut passen.

Schwerpunkt Koordination und Balance

Balancetraining und das Üben der Koordination gehören zusammen und bilden eine sichere Basis für das weitere Training, wie z.B. Krafttraining oder Ausdauerschulung.

Die Reihenfolge der Übungen ist so gewählt, dass sie einerseits viel Konzentration und Gedächtnisleistung erfordern, andererseits auflockernd wirken und viel Spaß machen.

Durch die zahlreichen Geräte ist der Aufforderungscharakter sehr hoch und diese Stunde wird wie im Fluge vergehen. Durch die Partnerübungen wird darüber hinaus das Zusammengehörigkeitsgefühl und das Kennenlernen gefördert.

Benötigte Geräte:

- Steps
- Aero-Steps oder andere wackelige Unterlagen
- Tücher
- Kleine Bälle
- Matten.

Stundenablauf:

Begrüßung

Informieren über die Wichtigkeit dieses Trainings, Hinweise auf das rückengerechte Aufheben von Gegenständen.

Warm-up

Kapitel 4.4 Aerobic und Ausdauertraining, Choreografie Nr. 3, 2, 5.

Hauptteil

Kapitel 4.2 Koordinationstraining, Übung Nr. 2.
Kapitel 4.4 Aerobic und Ausdauertraining, Choreografie Nr. 9, 13.
Kapitel 4.1 Balancetraining, Übung Nr. 1.
Kapitel 4.2 Koordinationstraining, Übung Nr. 3.
Kapitel 4.1 Balancetraining, Übung Nr. 3.
Kapitel 4.2 Koordinationstraining, Übung Nr. 5, 6, 7.

Cool down und Stretching

Kapitel 4.4 Aerobic und Ausdauertraining, Choreografie Nr. 3, 2, 5
Kapitel 4.7 Stretching, Übung 5, 6, 1, 3, 2.

Entspannung

Da in dieser Stunde auch eine hohe Denkleistung erforderlich ist, empfiehlt sich ein Relaxprogramm mit dem Schwerpunkt der mentalen Entspannung.

Kaffeeklatsch

Kapitel 4.2 Koordinationstraining, Übung Nr. 4.
Vollkornkuchen und Obstsalat.

6 Glossar

Allgemeine Begriffe

Beats	Schläge. In einer Musik sind die Zählzeiten des Taktes gemeint.
Breaks	Brüche im Musikbogen, Unregelmäßigkeiten in einem Musiktitel. Meist besteht ein Break aus vier Beats, die in einem Lied zusätzlich eingebaut wurden.
Brücke	Ein Teil eines Musiktitels, das weder eine Strophe noch ein Refrain ist und meist ein instrumentales Zwischenstück darstellt.
bpm	Beats per minute. Zählzeiten pro Minute. Die bpm geben die Geschwindigkeit eines Liedes an.
Double	Doppelt. Die Übung wird zweimal mit jedem Bein oder mit jeder Seite ausgeführt. Beispiel: Double Step Touch.
gegengleich	Eine Bewegung wird mit dem rechten Bein und mit dem linken Arm ausgeführt oder umgekehrt. Man kennt sie auch als Diagonalbewegung.
Highimpact	Hoher Aufschlag. Mit Highimpact-Schritten meint man solche, bei denen eine Flugphase entsteht. Beispiel: Laufen, Hüpfen.
Lowimpact	Geringer Aufschlag. Mit Lowimpact-Schritten meint man solche, bei denen noch mindestens ein Fuß am Boden bleibt; bei denen also nicht gehüpft wird. Beispiel: Step Touch, March.
Musikbogen	Zusammenfassung von Beats, bei denen der erste Schlag betont ist. Ein kleiner Musikbogen umfasst acht Beats, ein großer Musikbogen umfasst 32 Beats.

Pitch Control	Geschwindigkeitsregulierung einer Musikanlage.
Phrase	Ein anderes Wort für Musikbogen.
Single	Einfach. Gemeint ist die wechselhafte Ausführung einer Bewegung. Die Übung wird nur einmal mit jedem Bein oder mit jeder Seite ausgeführt. Beispiel: Push Touch, Step Touch.

Aerobic- und Step-Aerobic-Schritte

Name des Schritts	**Beats**	**Beschreibung**
Drei Schritte – ein Tap	4	Drei Schritte vorwärts gehen und danach mit einem Fuß neben den anderen tippen. Eine weitere Schrittfolge würde man mit diesem Fuß beginnen (in der Praxis erfolgt sie dann meist wieder zurück).
Basic Step	4 4	Aerobic: Der erste Fuß vollzieht einen Schritt nach vorn, der zweite wird herangeführt und aufgesetzt. Der erste Fuß vollzieht dann einen Schritt zurück, der zweite Fuß folgt wieder. Step-Aerobic: Der erste Fuß vollzieht einen Schritt auf den Step, der zweite folgt. Der erste Fuß vollzieht dann einen Schritt rückwärts herunter, der zweite Fuß folgt wieder.
Cha-Cha-Cha	2	Nachstellschritt. Ein Fuß vollzieht einen Schritt zur Seite, der zweite Fuß folgt, der erste Fuß vollzieht wieder einen Schritt zur Seite. Das Tempo dieses Schritts ist schnell, da über einen Beat die ersten beiden Schritte gesetzt werden müssen (doppeltes Tempo).

Name des Schritts	Beats	Beschreibung
Cha-Cha-Cha-March	4	Der Schritt beginnt mit einem vollständigen Cha-Cha-Cha und endet mit zwei Schritten March am Platz.
Double Step Touch	4	Ein Fuß vollzieht einen Schritt zur Seite, der andere Fuß wird herangeführt und aufgesetzt. Der erste Fuß setzt wiederum einen Schritt zur Seite in dieselbe Richtung, der zweite Fuß wird herangeführt und tippt auf den Boden. Ein weiterer Double Step Touch würde nun in die andere Richtung erfolgen.
Grapevine	4	Der erste Fuß setzt einen Schritt zur Seite, der zweite kreuzt hinter dem ersten, der erste Fuß setzt wiederum einen Schritt zur Seite auf, der zweite Fuß wird herangeführt und tippt neben dem ersten. Ein weiterer Grapevine würde mit dem zweiten Bein in die andere Richtung erfolgen.
Heel Dig	2	Der Ablauf des Schritts gleicht dem Push Touch, nur wird nicht die Fußspitze, sondern die Ferse nach vorn aufgetippt.
Jumping Jack	2	Hampelmann: Die Beine hüpfen in eine leichte Grätsche und werden mit einem weiteren Hüpfer wieder geschlossen.

Name des Schritts	Beats	Beschreibung
Kick	2	Aerobic: Ein Bein kickt nach vorn und wird zu einem Schritt wieder aufgesetzt.
	4	Step-Aerobic: Der erste Fuß setzt einen Schritt auf den Step, der zweite Fuß kickt nach vorn und setzt anschließend wieder am Boden auf, der erste Fuß setzt dann ebenfalls wieder am Boden auf. Eine weitere Ausführung dieses Schritts würde mit dem zweiten Bein beginnen.
Knee Lift	2, 4	Siehe Kick, jedoch wird statt des Kicks das Knie angehoben.
Lunge	4	Ausfallschritt nach vorn. Die Bewegung endet wieder in Schlussstellung.
Mambo	4	Der erste Fuß wird zu einem Schritt nach vorn aufgesetzt, der zweite Fuß vollzieht einen Schritt auf der Stelle, der erste Fuß wird dann zu einem Schritt nach hinten aufgesetzt, der zweite Fuß bleibt wieder zu einem Schritt am Platz.
Mambo-Cha-Cha-Cha	4	Der erste Fuß wird zu einem Schritt nach vorn aufgesetzt, der zweite Fuß vollzieht einen Schritt auf der Stelle, der erste Fuß beginnt mit einem Cha-Cha-Cha zur Seite.
March	2	Marschieren auf der Stelle.
Push Touch	2	Ein Fuß tippt nach vorn oder zur Seite auf den Boden und wird danach wieder neben dem anderen aufgesetzt.

Name des Schritts	Beats	Beschreibung
Shuffle	4	Die Bewegung besteht aus vier Cha-Cha-Chas hintereinander in dieselbe Richtung.
Side to Side	2	In der Ausgangsstellung sind die Beine leicht gegrätscht. Die Bewegung beginnt mit einer kleinen Kniebeuge. Beim anschließenden Strecken der Beine verlagert man das Körpergewicht auf ein Bein, der Fuß des unbelasteten Beins tippt einmal auf.
Squat	4	Kniebeuge in Grätschstellung.
Step Touch	2	Ein Fuß vollzieht einen Schritt zur Seite, der andere Fuß wird herangeführt und tippt auf den Boden. Ein weiterer Step Touch würde mit diesem Bein in die andere Richtung beginnen.
Straddle up	4	Step-Aerobic: Ausgangsstellung ist rittlings über dem Step (der Step befindet sich also zwischen den Füßen). Der erste Fuß wird auf den Step gesetzt, der zweite Fuß folgt, der erste und der zweite Fuß wird nacheinander wieder in die Ausgangsstellung zurückgebracht.
Tap	2	Siehe Push Touch.
Tap Step	2	Der Fuß tippt vorn auf den Boden und wird anschließend an diesem Platz zu einem Schritt abgesetzt. Mehrere Tap Steps ergeben eine Vorwärtsbewegung.
Twist	2	Im leichten Ballenstand werden die Fersen gleichzeitig nach rechts und links bewegt. Der Körper folgt der Bewegung.

7 Literaturhinweise

ALBRECHT, K./MEYER, S./ZAHNER, L.: Stretching – Das Expertenhandbuch, Grundlagen für Trainer und Sportler. Heidelberg 1997.

BARTECK, O.: Fitness Manual. Köln 1998.

BAUM, K./RÜTHER, T./GOLDSCHALT, C.: Im Blickpunkt: der ältere Mensch – Lebensqualität durch körperliches Training. München 2000.

DENK, H. (Hrsg): Alterssport – Aktuelle Forschungsergebnisse. Schorndorf 1996.

EDWARDS, S.: Leitfaden zur Trainingskontrolle. Aachen 2000.

HÄUFELINGER, U.: Gymnastik für den Beckenboden. Aachen 1999.

HELDT, U.: Tipps für Zirkeltraining. Aachen 2000.

KIRCHNER, G./ROHM, A./WITTEMANN, G.: Seniorensport – Theorie und Praxis. Aachen 1998.

MAYER-LYST, I.: Lachen. In: Geo, Heft Nr. 8/August 1997.

OTT, D./BECKENBACH, F.: Fit – aber richtig – Fitness im besten Alter. Aachen 1997.

PAHMEIER, I./NIEDERBÄUMER, C.: Step-Aerobic – Fitnesstraining für Schule, Verein und Studio. Aachen 1996.

PAUL, G. et al.: Aerobic-Training. Aachen 2000.

ROST, R.: Sport- und Bewegungstherapie bei inneren Krankheiten – Lehrbuch für Sportlehrer, Übungsleiter, Krankengymnasten und Sportärzte. Köln 1991.

SCHÖTTLER, B.: Bewegungsspiele 50 plus. Aachen 1998.

WADE, J.: Personal Training, Fitness – für ein neues Lebensgefühl. München 1996.

8 Musikverzeichnis

Die meisten der in diesem Buch beschriebenen Musiktitel findet man auf CDs, die man im freien Handel kaufen kann. Ich empfehle, CDs zu benutzen, auf denen verschiedene Titel zusammengestellt wurden (Sampler). Für alle, die es genau wissen wollen, ist hier ist eine detaillierte Aufstellung, auf welcher CD man diese Titel finden kann.

16 Step: „Bob"
In: The World of Square Dance. ZYX Music 1998.

Anka, Paul: „Diana"
In: Oldies Volume 1. Media Markt & BMG Ariola Media GmbH.

Anka, Paul: „Put Your Head on My Shoulder"
In: Schmuse Evergreens. BMG Ariola Media GmbH 1998.

Arrow: „Hot, Hot, Hot"
In: Ritmo de la Noche – The Hottest Latin Dance Grooves. BMG Ariola Media GmbH 1996.

Belafonte, Harry: „Coconut"
In: Oldies Volume 1. Media Markt & BMG Ariola Media GmbH.

Checker, Chubby: „Let's Twist Again"
In: Oldies Volume 2. Media Markt & BMG Ariola Media GmbH.

Christie, Tony: „Amarillo"
In: Oldies Volume 3. Media Markt & BMG Ariola Media GmbH.

Danny & the Juniors: „At the Hop"
In: Oldies Volume 1. Media Markt & BMG Ariola Media GmbH.

Deutscher, Drafi: „Marmor, Stein und Eisen bricht"
In: Die fetzigsten Fetenhits. BMG Ariola Media GmbH. 1998.

Dschingis Khan: „Dschingis Khan"
In: Die schönsten Kultschlager. BMG Ariola Media GmbH 1998.

Dschingis Khan: „Moskau"
In: Die fetzigsten Fetenhits. BMG Ariola Media GmbH. 1998.

Hasselhoff, David: „Do the Limbo Dance"
In: Let's Have a Party, Vol. 2. BMG Ariola Media GmbH 1995.

Hooked on Classics Part 1 + 2"
In: Hooked on Collection Classics Vol.1. X-tra Collection. Elap Music 1991.

Gibson Brothers: „Que Sera Mi Vida"
In: Party Power Pack – Happy Hour. Polygram 1997.

Jackson, Wanda: „Let's Have a Party"
In: Oldies Volume 2. Media Markt & BMG Ariola Media GmbH.

Jürgens, Udo: „Mit 66 Jahren"
In: Aber bitte mit Sahne. BMG Ariola Media GmbH 1994.

Miller, Glenn: „In the Mood"
In: It's Swingtime By Media. EEC Media Markt.

Miller, Glenn: „Moonlight Serenade"
In: It's Swingtime By Media. EEC Media Markt.

Nick Straker Band: „A Walk in the Park":
In: Party Power Pack – Happy Hour. Polygram 1997.

Presley, Elvis: „All Shook up"
In: Classic Elvis. BMG Entertainment 1997

Presley, Elvis: „Fever"
In: Classic Elvis. BMG Entertainment 1997

Presley, Elvis: „Jailhouse Rock"
In: Oldies Compact. ICM 1995.

Roberts, Chris: „Du kannst nicht immer 17 sein"
In: Die schönsten Kultschlager. BMG Ariola Media GmbH 1998.

Sinatra, Frank: „My Way"
In: His Greatest Hits Frank Sinatra – New York, New York. Warner Music 1997.

Sinatra, Frank: „New York, New York"
In: His Greatest Hits Frank Sinatra – New York, New York. Warner Music 1997.

The Swinging World Orchestra: „Lazy Promenade"
In: Tanz mal wieder. da music 1990.

The Tokens: „The Lion Sleeps Tonight"
In: Oldies Volume 2. Media Markt & BMG Ariola Media GmbH.

Thomas, B.J. – „Raindrops Keep Falling on My Head"
In: Schmuse Evergreens. BMG Ariola Media GmbH 1998.

Bildnachweis:

Titelfoto: Polar Electro GmbH, Büttelborn/U4 Fotoatelier Braune, Bad Segeberg
Fotos: Fotoatelier Braune, Bad Segeberg
Zeichnungen: André Besgens, Aachen
Umschlaggestaltung: Birgit Engelen, Stolberg

9 Kontaktadressen

Wenn Sie die Ideen dieses Buches live erleben wollen, dann buchen Sie doch bei mir einen Workshop:

Ulli Heldt
0172 / 722 17 29
info@fitundfroehlich.de
www.fitundfroehlich.de

Ausbildungen und Fortbildungen für Übungsleiter
u.a. mit zahlreichen Lehrgängen im Seniorensport:
Bildungswerk des Landessportverbandes Schleswig-Holstein (LSV)
Eutiner Str. 45, 23714 Bad Malente
Tel: 04523 / 7888, Fax: 04523-5277
www.lsv-sh.de

Workshops, Events und Ausbildungen:
Teamwork
Feuerwehrstr. 5, 28857 Syke
Tel: 04242 / 936033, Fax: 04242 / 936031
www.sunfunandmore.de
www.team-at-work.de

Workshops zum Balancetraining
Geräte für Therapie und Fitness
B.CO (Body Intelligence Concept)
Atzinger Str. 1
D-83209 Prien-Bachham
www.bco-togu.de

Fachhandel für Aerobic- und Fitnessbekleidung
Sportlädchen GmbH
Leyendecker Str. 27, 50825 Köln
Tel: 0221 / 238364, Fax: 0221 / 240 28 47
www.sportlaedchen.de

Fotos und Werbeaufnahmen
Fotoatelier Braune
Oldesloer Str. 11-13
23795 Bad Segeberg
04551 / 3109
foto-braune@t-online.de